レクチャー

第一次世界大戦を考える

マンダラ国家から国民国家へ

東南アジア史のなかの第一次世界大戦

Shinzo Hayase

早瀬晋三

人文書院

「レクチャー　第一次世界大戦を考える」の刊行にあたって

京都大学人文科学研究所の共同研究班「第一次世界大戦の総合的研究に向けて」は、二〇〇七年四月にスタートした。以降、開戦一〇〇周年にあたる二〇一四年に最終的な成果を世に問うことを目標として、毎年二〇回前後のペースで研究会を積み重ねてきた（二〇一〇年四月には共同研究班の名称を「第一次世界大戦の総合的研究」へと改めた）。本シリーズは、広く一般の読者に対し、第一次世界大戦をめぐって問題化されるさまざまなテーマを平易に概説することを趣旨とするが、同時に、これまでの研究活動の中間的な成果報告としての性格を併せもつ。

本シリーズの執筆者はいずれも共同研究班の班員であり、また、その多くは京都大学の全学共通科目「第一次世界大戦と現代社会」が開講された際の講師である。「レクチャー」ということばを冠するのは、こうした経緯による。本シリーズが広く授業や演習に活用されることを、執筆者一同は期待している。

第一次世界大戦こそ私たちが生活している「現代世界」の基本的な枠組みをつくりだした出来事だったのではないか、依然として私たちは大量殺戮・破壊によって特徴づけられる「ポスト第一次世界大戦の世紀」を生きているのではないか――共同研究班において最も中心的な検討の対象となってきた仮説はこれである。本シリーズの各巻はいずれも、この仮説の当否を問うための材料を各々の切り口から提示するものである。

周知の通り、日本における第一次世界大戦研究の蓄積は乏しく、その世界史的なインパクトが充分に認識されているとはいいがたい。「第一次世界大戦を考える」ことを促すうえで有効な一助となることを願いつつ、ささやかな成果とはいえ、本シリーズを送り出したい。

もくじ

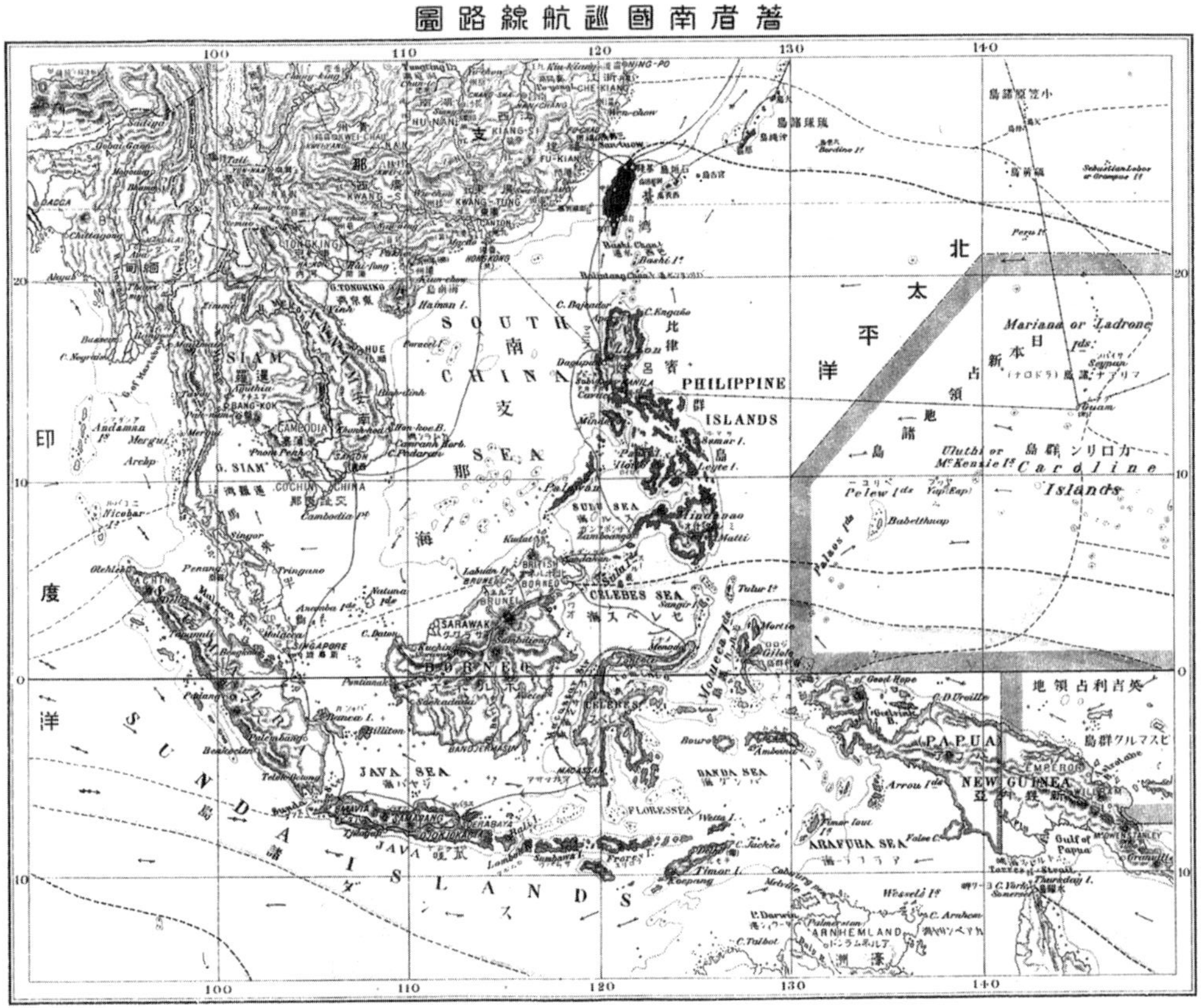

第一次世界大戦時の東南アジアの地図（坪谷善四郎『最近の南国』博文館、1917年）

現在の東南アジアの地図

はじめに

「右向け右！」

「オレたちの上官はフィリピン人なのに、なんで英語で号令をかけるのかね？」「どうすりゃいいんだい？」

一九一七年四月に参戦を決めた宗主国アメリカ合衆国に忠誠を示すため、その植民地であったフィリピンは派兵を決め、義勇兵を募集した。この風刺画は、スペイン語で教育を受けたことに誇りをもっている中年の兵士が、英語で命令する上官に戸惑い、理解できないためにどうしていいかわからない様子を描いている。フィリピン各地から集められた兵士のなかには、地方のことばしか理解できない者が多く含まれ、兵士のあいだで共通語はなく、統率がとれなかった（図1）。

図1　フィリピン国防軍の言語問題（*The Independent*, 28 July 1917）

第一次世界大戦当時、フィリピンの公用語は英語と、一八九八年までスペインの植民地であったことからスペイン語であった。マニラ周辺で話されるタガログ語が国語に指定されたのは一九三七年（三九年発効）で、四六年の独立後もタガログ語とともに英語とスペイン語が公用語となった。その後、七三年の憲法でピリピノ語（タガログ語とほとんど同じ）と英語とされ、後でスペイン語が追加された。そして、現行の八七年憲法で、フィリピノ語（ピリピノ語と同じ）を将来唯一の公用語とすることを宣言した。▼1 このフィリピンの公用語の歴史は、同時にフィリピンの国民国家への歴史でもある。

東南アジア史において、第一次世界大戦（以下、「大戦」と略す場合、第一次世界大戦を指す）は重要な転換期とされ、とくにその後の民族運動の高まりの契機になったとして書かれてきた。しかし、大戦中になにが起こり、それが具体的にどう影響したのかについて書かれたものはあまりない。

本書では、まず、大戦勃発前の東南アジア社会が欧米による植民地化によって、どのような影響を受け、変容を迫られたのかを概観する。つぎに、大戦中に東南アジア各国・地域でなにが起こったのか、事実確認をしたい。大戦中についでは、これまでの各国・地域の研究状況によってわかっていることがまちまちであり、整理する必要がある。さらに、大戦の影響を考えながら、戦後の民族運動と国民国家の形成をたどる。最後に、大戦について、現在の各国の歴

▼1 憲法でフィリピノ語を国語と定めるとともに、「フィリピンの公用語はフィリピノ語と、法律による別の定めがあるまでは英語である」と規定した。教授言語のフィリピノ語への移行がすすめられたが、英語力の低下が顕著になった。そのため、とくに高等教育などでは依然英語が支配的である。文学でも英語が主流で、フィリピノ語は大衆向けに限られ、地方語は衰退した。映画も英語のアメリカ製が中心だが、大衆向けのフィリピノ語ものの人気も根強い。

史教科書や博物館でどのようにとりあげられ、それぞれのナショナル・ヒストリーのなかにどう位置づけられているのかを理解する。

本書の目的は、まず、大戦の前と後を、大戦中に起こった具体的なことを念頭において考察することである。とくに、統治形態の変化と輸出経済の進展に注目する。つぎに、当時、シャム（一九三九年に国号をタイと改める）を除き欧米各国の植民地支配下にあった国・地域が、それぞれの宗主国とのかかわりが違うにもかかわらず、近代国民国家形成へと向かっていったことを、どのように理解するのかを考えることである。[2]それは、この大戦を「世界」のなかで、どう考えるかということと大いに関係する。東南アジアをヨーロッパから遠く離れた地域に及んだ大戦の影響の一事例として考えるのではなく、もはや辺境という考えが成り立たない「世界性」と「現代性」を大戦とのかかわりのなかに見出していく。そして、そのことは、欧米の植民地化による近代化や宗主国との関係だけで、国家形成の歴史を理解しようとした、欧米中心史観やナショナル・ヒストリーからの解放を意味する。

本書のタイトルである「マンダラ国家から国民国家へ」の道程は、もちろん東南アジアのそれぞれの国・地域で一様ではなかった。タイのように前近代的な王制から近代的な立憲君主制へと衣替えしようとしたところもあれば、ラオスのようになにを統合のシンボルにするのか手探りの状況のところもあった。また、大陸部と海域部[3]でも違いがあった。しかし、時間の長短、深化の度合い

[2] タイは例外的に独立を保ったとよくいわれるが、タイは朝貢関係などを通して「領域」とみなしていた地域の半分をイギリスとフランスに割譲させられるという「植民地化」を被った。さらなる「植民地化」から領土と国民を守るために、王室は上からの近代化をすすめ、属国の領域化を図り、ヨーロッパ列強と同様の集権化と開発をおこなった。その意味で、共通に歴史を語ることができる面がある。

[3] 従来、「大陸部」にたいして「島嶼部」としてきたが、一般に馴染みがないので「海域部」とする。海域性という意味では、海と直接つながる大陸部の沿岸、メコン川のような大河の流域、トンレ・サップ湖周辺なども含まれるが、本書では従来の島嶼部と同じく、マレー半島を含め、現在の国名でマレーシア、シンガポール、ブルネイ、インドネシア、東ティモール、フィリピンを含むものとする。

の違いにもかかわらず、確実に近代国民国家へと向かっていったことは、その後の歴史が物語っている。そして、今日起こっているさまざまな内外の問題の背景に、近代国民国家形成時にその起源があるものがあり、今日まで影響していることを考えたい。▼

まずは、東南アジアの前近代国家が、植民地化以前に近代にたいしてどのように対応しようとしたのか、そして欧米による植民地化によってどのように変容をとげていったのかを概観する。なお、大戦にたいして、欧米の植民地宗主国ごとに対応することになったため、植民地の領域を基本に叙述する。

▼たとえば、タイひとつとりあげても、今日カンボジアとのあいだで起こっている国境の世界遺産プレア・ヴィヒア寺院の帰属問題も、南部イスラーム地区の「テロ活動」も、クーデタが頻発することも、本書からそれぞれの原因の一端が理解できるだろう。

第1章　マンダラ国家の近代植民地化

マンダレー王宮前に整列するイギリス＝インド軍（1890年）。植民地支配は、中央集権的な行政機構と近代的な植民地軍に支えられていた。イギリス人将校の後ろにインド人将兵が整列している。

近代欧米の東南アジア研究者は、近代植民地国家／国民国家の形成にもたつく東南アジアの状況をみて、さまざまな「伝統的」国家論を展開した。ウォルタースは、王とその取り巻き集団が、王の神聖化を軸として権力を形成したが、「弱くて流動的」であったとする「マンダラ論」、タンバイヤは、同種の構造をもつ中央・地方の多くの権力が、婚姻や儀礼を通じて互いに影響しあって、均衡を保っていたとする「銀河系政体論」、ギアツは、国家の演劇的性格を説き、儀礼の実践に意義をもたせた「劇場国家論」を唱えた。いずれも、近代国家形成に必要な中央集権化の妨げとなった極めて流動的で不安定な政体を説明しようとした。[1]

いっぽう、リードは、ヨーロッパ勢力のアジア進出以前から、東南アジアの港市を中心に商業活動が活発化していたとし、一四五〇～一六八〇年を「商業の時代」とよんで、先進的な側面を明らかにした。さらに、植民地支配下の東南アジアで生じた変化として考えられていた経済の商業化、行政における中央集権化、知の革新、文化の大衆化などは、すでに植民地化以前の一七五〇～八〇年にかけて進行しつつあったことを論じた。[2] これにたいして、リーバーマンは、一四～一九世紀に持続的な統合があったとして、一七世紀分断説を批判し、一七世紀以降大陸部と海域部とは異なる歴史的軌道をたどったとした。[3] そのことは、海域部では、オランダによる海の支配によって、「マンダラ国家」のダイナミズムが失われたことを意味する。

▼1 それぞれ、つぎの文献を参照。O. W. Wolters, *History, Culture, and Region in Southeast Asian Perspectives*. Rev. ed., Ithaca: Cornell University Southeast Asia Program, 1999; S. J. Tambiah, "The Galactic Polity: The Structure of Traditional Kingdoms in Southeast Asia," *Annals of the New York Academy of Sciences*, No. 293 (July 15, 1977)；クリフォード・ギアツ（小泉潤二訳）『ヌガラ――一九世紀バリの劇場国家』みすず書房、一九九〇年。

▼2 商業の時代およびその後については、Anthony Reid, *Southeast Asia in the Age of Commerce 1450-1680*. New Haven: Yale University Press, 1988, 1993, 2 volumes; Anthony Reid, ed. *The Last Stand of Asian Autonomies*. London: Macmillan & New York: St. Martin's Press, 1997. を参照。

ボロブドゥル＊（ジャワ島中部にある一棟の石造建築としては世界最大の仏教遺跡）やアンコールワット＊（カンボジアの北西部にあるヒンドゥー教ヴィシュヌ派の宗教建築）といった世界遺産を残した王国も、王が直接支配するのは都だけで、王のカリスマ性によって影響力の及ぶ範囲は伸縮した。その背景として、低い人口密度と地理的障壁があった。人口密度の低さは人びとの流動性を高め、支配者は土地の支配より人をつなぎ止める支配に重きをおいた。いっぽう、大陸部の盆地[▼4]は恒久的な支配が困難で、たとえ一時的に支配しても、自治権を与え間接統治するのが無難であった。海域部では、舟での長距離の移動が容易で、海流や風に乗って遠近さまざまな島じまへの移動だけでなく、河口と上流の後背地とを往き来した。支配が強化されれば、人びとは移動してその支配から逃れた。その規模は、個人・家族から都（くに）ごとのこともあった。

このような東南アジアに進出した欧米勢力は、それぞれの状況にあわせて植民地化をおしすすめることになった。東南アジア各地は、一九世紀後半に欧米列強の支配が強まり、一八八六年にイギリス領インドのビルマ州、八七年にフランス領インドシナ、九六年にイギリス領マラヤ[▼5]、九八年にアメリカ領フィリピンが成立し、一九一〇年代にはオランダ領東インドの領域がほぼ確定して、第一次世界大戦までに現在の東南アジア各国の原型ができた。シャムだけが、イギリスとフランスとの緩衝地帯として属領・朝貢国を失いながらも独立を保った。しかし、それぞれの欧米勢力が、すぐに全土を直接支配したわけではな

▼3　つぎの文献などを参照。Victor Lieberman, *Strange Parallels: Southeast Asia in Global Context, c. 800-1830*. Cambridge University Press, 2003-09, 2 volumes.

ボロブドゥル
七七〇年代から八二〇年ころにかけて建設された。一九九一年に世界遺産に登録。

アンコールワット
アンコール帝国スールヤヴァルマン二世（位一一一三～五〇年）によって建立されたとされる。一九九二年に世界遺産に登録。

▼4　盆地空間の小国家を「ムアン」とよぶ。東南アジア大陸部の「ムアン」にあたるのが、海域部では「ヌガラ」で、「港市」を中心に発展した城市国家である。

▼5　正確には、直轄植民地の海峡植民地に加えて、連合マレー諸州が成立しただけで、マレー半島全域にイギリス支配はおよんだわけではなかった。

かった。

東南アジア各地の大小の王国は、それぞれ古代からときに中国と朝貢関係にあった歴史をもつ。とくに大陸部では、ベトナムのように中国に占領されて属国にされたり、ビルマなどのように王朝を中国によって滅ぼされたり、中国人移住者が国を興したり事実上支配権を握ったりしたことがあった。それでも、独自性を保ち、固有の社会・文化を形成してきたのは、支配する側の制度や思想を巧みに自分たちにあうように変えて受け入れてきたからである。また、インドとも、ヒンドゥー教や上座仏教、イスラームなどを通じて、思想、文化的影響を受けてきた。したがって、欧米による植民地支配にたいしても、抵抗しながらも学びとるこれまでの経験があった。

1 シャム

今日まで続くラタナコーシン朝（チャックリー朝またはバンコク朝ともいう）は、一七八二年に首都をバンコクにおいて成立すると、仏教を復興させ、新国家の精神的支柱とした。長年ビルマの侵略に苦しんできたシャムは、新国家成立後も侵攻を繰り返すビルマ軍を撃退した。その国力が増した背景には、経済的発展があった。清からの貿易船の来港が増えただけでなく、シャムから清へ朝貢する船も増加し、「三年一貢」の原則を超えて一〇年平均四・九隻の割合

▼シャムの「失地」のなかにアンコールワットも含まれ、現王朝はその後継王朝と自認しているところから、バンコクの王宮にはアンコールワットの模型がある（カンボジアの王宮にもある）。一〜七世紀にかけて現在のカンボジアからベトナム南部にかけて中心があった扶南国や、七世紀以降大規模な仏教遺跡を残したモン系のドヴァーラーヴァティ王国の後継王朝でもあるという。一五世紀以降半島部に成立するムラユ（マレー）系のイスラーム諸王国とは、朝貢関係から宗主権を主張した。

で朝貢がおこなわれた。輸出品も変化した。かつて税として徴収した森林生産物にかわって、米、砂糖などの農業生産物が中核になっていった。

ビルマの脅威は、イギリスのビルマ侵攻、植民地化でおさまったが、そのイギリスはシャム勢力圏のマレー半島に進出してきた。また、グエン朝ベトナムが西方への勢力拡大をはかり、シャムの朝貢国であったカンボジア、ラオスをめぐって、緊張が高まった。その後、ベトナムにフランスが進出し、シャムにも朝貢していた国や地域がつぎつぎとフランス領になっていった。これらの国や地域の首長は二重三重に朝貢しており、シャムはその朝貢先のひとつにすぎなかったが、シャムはこれを「失地」と捉え、失地回復が国家にとって最大の課題になった▼(図2)。いっぽう朝貢する側にとっては、はじめフランスが新たに朝貢する国に加わったにすぎなかった。

欧米の進出は、経済的にも大きな影響を与えた。王室による独占貿易体制は、一八二六年にイギリスと締結したバーネイ条約*以降、崩されていった。この欧米とのあいだに締結した最初の条約によって、いくつかの商品の専売権を失った王室は、財政再建のために徴税請負制度を導入した。請負人の大半が中国人であったことから、かれらは資本を蓄積し、

バーネイ条約　イギリス東インド会社（代表ヘンリー・バーネイ）と結んだ条約。相互主義を原則とし、治外法権を認めず、領事の交換もなかった。限定的ではあるが、イギリス人との貿易がはじまった。

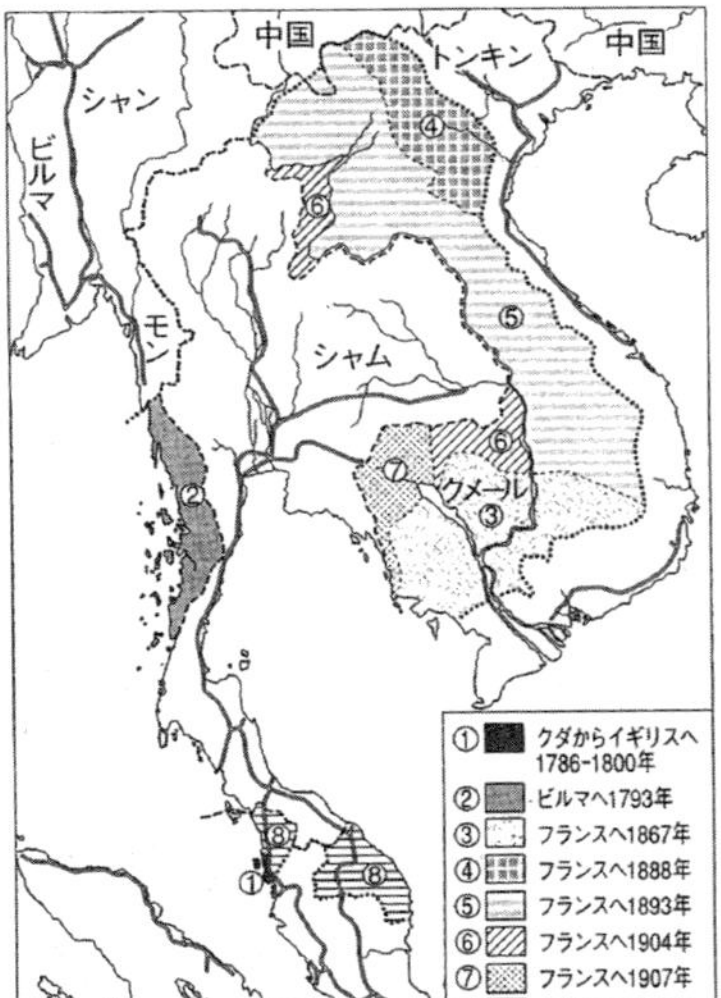

図2　シャムの「失地」地図（石井・桜井編『世界各国史　東南アジアⅠ　大陸部』四〇八頁）
シャム海軍が作成して、一九三五年一二月の憲法記念日に配布した。⑦のなかにアンコールワットが含まれている。

官僚になって国政に関与するようになった。結果、シャムは、外国勢力の圧力と内政に関与する資本家（中国人）という内外の問題を抱え込むことになった。さらに五五年にイギリスとボウリング条約*を結び、治外法権を認め、シャムのすべての港における交易権と居住権を与えた。同様の修好通商条約をほかのヨーロッパ諸国とも結んだことから、シャムはアヘンを除き伝統的な王室独占貿易にともなうすべての特権を失った。世界貿易システムのなかに投げ出されたシャムは、伝統的国家体制を全面的に変革し、近代国民国家建設へと向かわざるをえなくなった。

もともと国王の権力は、中央でも地方でも限られていた。それは、王朝の始祖が貴族仲間の一員で、ほかの貴族の同意を得て即位したことによる。▼ほかの貴族は宮廷貴族となって、重要な官職を世襲し、経済的にも大きな力をもっていた。中央官庁は、南部、北部担当の二大省と大蔵、首都、宮内、農務の四省の計六省からなり、それぞれの官庁が治安警察、軍事、裁判、徴税、人事など、重複する諸機能をもち、官僚貴族によって牛耳られていた。これらの官僚の俸給はなく、職権によって利益を得ていた。地方は、南部省、北部省に加えて、大蔵省に属していた外務部が分割、統治し、直轄統治していたのはバンコク周辺の数ヵ所だけで、そのほかの地方は土地の有力者を知事に任命して、相当部分を一任する間接統治をおこなっていた。さらに、北、東北、南の国境地帯には、一～三年に一度、金樹銀樹や特産品などをもって朝貢し、戦役にさいして

ボウリング条約
大英帝国（全権、香港総督ジョン・ボウリング）と結んだ条約。この条約によって、シャムは開国し、大量のイギリス製品がシャム市場に流入するきっかけとなった。

▼アユタヤ王朝（一三五一～一七六七年）では、前王朝のスコータイ王家を含む五王家から三四人の王を出して統治した。

チエンマイ
一二九六年に建設され、北タイ一円を領域とする都市国家連合ラーンナー・タイ王国の首都となった。一六世紀中葉から約二〇〇年間、ビルマの支配下にあった。一九三九年に、現タイ王国に併合された。

軍事力を提供する属国が存在したが、属国の内政に中央が介入することはほとんどなかった。このように中央も地方も独立した権力基盤をもつ有力者がおり、国王の権威でゆるく束ねているにすぎなかった。しかし、欧米諸国と外交関係を結ぶことによって、現王朝はチエンマイ*などの大小の王国を属国的立場におき、主権国家としての主導権を握った。

図3　国土防衛隊のパレード
1911年に設立された文官からなる国王直属の部隊。「ジャングルの虎」と称したが、このパレードから緊張感は伝わってこない。

そして、国王親政の強力なリーダーシップを確立し、近代的中央集権的国家を建設していった。ラーマ四世*は子にも西洋教育を施し、映画やミュージカルで有名な『王様と私』のモデルとなった。引き継いだラーマ五世*は、シャムの独立を維持するため、強力な指導力の下で近代化への改革をすすめた君主として、国民がもっとも敬愛する国王となった。まず、国力の基本は国家歳入の増大にあるとして、それまでの徴税請負制度を廃して、一八七三年に国家歳入局を

ラーマ四世
一八〇四〜六八年、位一八五一〜六八年。六代目の王の時代から、歴代の王をラーマ何世とよぶようになった。モンクット王ともよばれる。四七歳で即位するまでの二七年間、僧侶として出家生活を送り、その間にフランス人神父やアメリカ人宣教師から積極的に西洋文明を学んだ。いっぽう、旧態依然とした仏教を批判し、復古的改革運動を起こした。日蝕観察でマラリアにかかり死亡した。

ラーマ五世
一八五三〜一九一〇年、位一八六八〜一九一〇年。チュラーロンコーン王ともよばれる。生没年、即位、在位年が明治天皇とほぼ同じであることから、比較されることがある。

新設し、官吏には俸給を支給した。軍隊については、まず国王指揮下に洋式部隊をおき、つぎに八七年にすべての部隊を統合して総司令官に皇太子を任命してシャム陸軍の礎を築き、同年陸軍士官学校を設立した（図3）。九二年には省庁を再編して、同格の一二省庁担当大臣を正式に任命した。大臣には、王族や側近をあてた。

地方行政については、一八九四年に内務省に機能を一元化し、まったく新しい行政単位として州、県、郡を設置、州知事などを中央から派遣して統治体制を整えた。そして、九七年に地方行政法を公布して、郡、村落の行政組織を規定し、郡長は県知事が土地の有力者から選んで就任させ、村落の長は住民が選出する制度を導入した。

また、一九〇二年にはサンガ*統治法を制定して、旧来の地方分権的な仏教僧侶のサンガ組織を、全国組織に統一した。これによって、国家はサンガ組織を統制し、そのサンガの強大化を支援することで、仏教界への支配を確立した。従来寺院でおこなわれていた学校教育についても、国家が独占した。いっぽう、世俗教育の近代化もすすめられた。一八七一年に近習部隊のためにシャム最初の近代的学校が設立され、八一年に官僚養成学校に発展した。八五年には初等教育修了試験、翌年には中等教育修了試験を導入した。一九世紀末から開校する高等教育機関はすべて国立で、一九一九年の法律で私立学校も国家の管理を受けるようになった。官僚になろうとする者はすべて、国家が認定する世俗の

サンガ
仏教では、ブッダを師と仰いだ出家者集団を総称してサンガとよぶ。サンガ組織は国によって異なる。一九〇二年のサンガ統治法によって、たとえ仏教の戒律に基づいておこなわれる宗教的行為であっても、法律違反を問われるという体制が確立した。

学校で学び、国家が実施する修了試験に合格しなければならなくなった。

これらの改革が成功した背景には、フランスとイギリスによる圧迫があった。一八八四年にベトナムがフランスの支配下に入り、八六年にビルマがイギリス領になるなか、シャムは周辺の属国を割譲することで、独立を保った。シャムの歴史観においては六七年、八八年、九三年、一九〇四年、〇七年にフランスに、〇九年にイギリスに領土を割譲させられたと認識している。また、シャムは外交力を発揮して、イギリス、フランス両国を互いに牽制させ、ロシアや日本に接近して調停を依頼し、圧迫を緩和させようとした。一八九六年に、イギリスとフランス両国は紛争を回避するため、シャムの中心領域であるチャオプラヤー川流域を緩衝地帯として残す英仏宣言をし、さらに一九〇四年の英仏協商で互いの勢力圏を承認しあった▼。

いっぽう、輸出経済では、一八六〇年代まで期待された砂糖や胡椒、とくに砂糖は欧米の資本投下によって技術革新をおこなったジャワやフィリピンのように生産コストを削減することができず、期待したほど伸びなかった。七〇年代になって主要輸出品となったのは、米であった。六六〜八〇年の米の輸出額は年平均七一〇万バーツ余で輸出総額の六割程度であったが、一九〇一〜一〇年には七六〇〇万バーツに達し、八割を超えるまでになった。輸出量は一八五〇年代末の五万トン程度から、九〇年代末には五〇万トン弱、一九二〇年代前半には一〇〇万トンに増加した。シャムは主要汽船ルートから外れていたため、

▼ほかの東南アジア諸国が、シャムと同じように中央集権的な行政、財政改革、近代教育制度の導入など、多少修正を加えながら西欧の近代化を模倣したにもかかわらず、独立を維持できなかったのは、地理的な状況などだけでなく、その改革が充分な効果をあげる前に、植民地化されたことにもよる。シャムでは官僚貴族の利権や地方の有力者の自立性を奪っただけでなく、奴隷廃止令（一八七四、九七、一九〇四年）と賦役にかえて人頭税を徴収する法律（一八九九年）を施行し、人力支配権を剝奪したことが効果的であった。また、官僚の序列をはかる物差しとしての階級、官等、勲章のすべてが、国王から下賜され、国王は任命権だけでなく、身分を整序する権力も獲得した。

まず香港とシンガポールという二大中継港に輸出され、シンガポールからさらにイギリス領マラヤ、オランダ領東インド、香港から中国南部、フィリピン、日本に再輸出された。それにともなって、国家歳入も一八九〇年代から一九一〇年代半ばまで順調に増加し続けた。一八九二年の一五〇〇万バーツが、九九年に二倍になり、一九〇四年に三倍、〇八年に四倍、一五年に五倍になった。

しかし、米はまだ歳入を支える安定した輸出品ではなかった。一九〇五～一二年に、チャオプラヤー川東岸の新デルタ地域の稲作は、洪水と旱魃などによって大きな打撃を受けた。〇五年は大雨とネズミの被害、〇六年は家畜の病気、〇八年は洪水、〇九～一一年は旱魃の被害にあった。加えて、シャム中央部では、〇五年の土地税の引き上げと〇八年の通貨バーツの切り上げにともなう輸出価格の低下によって、米経済は不況に苦しんだ。

2　フランス領インドシナ

一八〇二年、フエを都としてグエン朝*が興り、清に封冊を請い〇四年に従来の大越から国号を越南に改めた。ベトナムという国名のはじまりであり、その領域はほぼ現在のベトナム社会主義共和国と重なる。グエン朝を興すにあたって、初代皇帝となる阮福暎《グエン・フク・アイン》は一度バンコクで勢力を立て直し、シャム、カンボジア、ラオスからの援軍を得た。また、パリ外国宣教師ピニョー*の動

グエン朝
ベトナム最後の王朝（一八〇二～一九四五年）。阮福暎（一七六二～一八二〇年）が嘉隆（ザロン）と改元し、初代皇帝となった（嘉隆帝、位一八〇二～二〇年）。第二代皇帝、明命帝（一七九一～一八四一年、位一八二〇～四一年）は、初代皇帝の第四子。

員した志願軍も、これを支援した。「全土統一」の実態は、多様な人びと・地域が単一の主権の下におかれただけで、それぞれ大幅な自治が認められていた。▼そして、「全土統一」の過程で同盟国であったカンボジアなどを朝貢国とし、独自の小朝貢圏を形成した。

第二代明命《ミンマン》帝は、一八三〇年代になると清の行政システムにならった集権的官僚制国家の形成をすすめた。世襲的首長による間接支配が認められていた北部山地の諸民族地域に、中央政府から派遣された官吏が入り、直接支配に向かうと、山地諸民族はあいついで反乱を起こした。さらにカンボジア、メコン・デルタでも同時に反乱が起こった。官吏となったのは、多数民族のキン人（狭義のベトナム人で、ベト人ともいう）であった。北部山地のキン人派遣官による支配は、派遣官によるサボタージュと中国人武装集団の流入により、六〇年代末には頓挫した。

一九世紀になると、清、オランダ領東インドなどの都市部が大量の米を輸入するようになり、新しい輸出用稲作地帯としてメコン・デルタが注目された。グエン朝は米価の高騰を恐れて米の輸出を基本的に禁止したが、守られなかった。一八三〇年代後半には、ほとんどの村落に大土地所有の地主が存在して開発がすすめられ、徒党集団を保護して納税や兵役などの国家管理に抵抗した。

このように、統一ベトナムのなかに性格の異なる地域、民族が存在し、政治的にも経済的にも統制がとれなかった。このことが、フランスの侵入を容易に

ピニョー・ド・ベーヌ　一七四一～九九年。一七七六年の出会い以来、生涯、阮福暎を援助した。八七年にルイ一六世と阮福暎の名でヴェルサイユ同盟条約の締結に成功したが、条約に規定された軍事援助は実現されなかった。

▼北部では自給的農業、南部では国際交易がさかんで、山地には諸民族が散在していた。

図4　第二代皇帝時代におこなわれたキリスト教弾圧の絵
大迫害にたいして宣教師がフランスに政治干渉を求めたことから、宣教活動は侵略政策と同調していった。

した。一八二五年からグエン朝はキリスト教の大弾圧を開始し（図4）、フランスの反発を受けていたが、五七年にスペイン人キリスト教宣教師が処刑されたことなどを口実に、▼1フランスは五八年からベトナムへの軍事的侵略を開始した。その結果、ベトナムは六二年の第一次サイゴン条約で、メコン・デルタの三省を割譲させられたほか、北部・中部の三港の開港、四〇〇万ドルの賠償、メコン川の開放など一二項目を約束させられた。また、七四年の第二次サイゴン条約では、コーチシナ西部三省の正式割譲、紅河（ホン川）の開放を認めさせられた。フランスによるメコン・デルタの占領目的は、第一に中国とインドを結ぶ拠点確保、第二にメコン・デルタの米の輸出、第三にメコン川を遡ってカンボジア、ラオスなどを経由して中国へ進出することであった。

当時、東南アジア大陸部各地は、ホー（漢）と総称される中国人武装集団（黒旗軍など）*の侵攻に悩まされていた。ベトナムにも一八六〇年代後半から七〇年代にかけて各方面から侵入し、なかには事実上の独立国を建てた集団もあっ

▼1　フランスのパリ外国宣教会とスペインのドミニコ会が宣教活動をおこなっていたが、グエン朝が禁令を発布して厳しく宣教師およびキリスト教徒を取り締まったため、フランス・スペイン両国は共同してキリスト教徒に信教の自由を許すことを要求した。要求が受け入れられなかったので、スペイン海軍とともにフランス海軍が、ダナンを砲撃した。

黒旗軍　一九世紀後半にベトナム北部に割拠して、フランス軍に抵抗した中国系軍事集団。白旗軍、黄旗軍などと称する集団もあった。一八六五〜六六年ころ、太平天国の乱（一八五一〜六四年）の残党などが清軍に追われてベトナム北部に入り、中越交易路を支配した。清仏戦争で敗退後、最新装備をもつ黒旗軍は撤退、解散した。黒旗軍は日清戦争後の九六年に再組織して台湾に渡ったが、大きな反日勢力とはならなかった。

た。七〇年代、北部山地はおおむねグエン朝の支配がおよんでいなかった。

積極的な植民地拡張政策に転じたフランスは、一八八二年から北部の紅河デルタ交易の独占をめざして本格的に出兵した。▼2 その結果、八三年にベトナムの保護国化、三港開港、フランス軍による黒旗軍の駆逐公認など、仮の二八ヵ条からなる第一次フエ条約をグエン朝に結ばせ、翌年の第二次で保護国の管轄範囲が確立された。それにたいしてグエン朝は清に助けを求め、清もそれにこたえて軍を派遣し、清仏戦争（一八八四～八五年）に発展した。が、敗退し、その講和条約である八五年の天津条約で、清はベトナムの植民地化を容認させられた（図5）。

フランスによる侵出に不安を感じた官僚や知識人は、グエン朝の復権をめざして勤王運動を展開した。この運動は、主として北部と中部北半で展開された反フランス武力抵抗運動で、そのおもな担い手が皇帝権力に依拠し村落の名望

図5　ベトナムの植民地化
南部コーチシナはフランスの直轄地に、北部トンキン、南部アンナンは保護領となった。

▼2 フランス植民地軍は、外人部隊（一八三一年創設の外国人志願兵からなる正規軍）と脱走兵などからなるアフリカ懲治部隊、ベトナム人キリスト教徒を訓練した狙撃部隊など、フランス人以外が多数を占める混成部隊だった。

家的支配を続けていた在地の儒者知識人（文紳）であったことから、文紳蜂起ともいわれた。いっぽう、咸宜帝《ハムギ》（第八代、位一八八四～八五年）は抗仏勤皇大蜂起の檄を発して、山中に潜んで抵抗し、また中部や北部の村落でフランスへの抵抗が広がったが、八八年に王が逮捕され、村落での抵抗も九〇年代半ばまでに終息に向かった。しかし、山岳地帯での反フランス活動は続き、降伏文書の署名と引き換えに、広大な土地を獲得して一種の独立王国のような勢力を維持した例もあった。

一八八六年に、フランス政府はベトナム植民地統治の骨格となる同化政策*を策定した。考え方の基本には、フランス革命に基礎をおく第三共和派の普遍的価値である自由、平等、博愛があり、未開社会をその普遍的価値に同化させることを目標とした。具体的政策として、第一に武力による平定、第二に経済的増収、第三に教育改革の三つの局面があった。第三の局面の教育改革とは、科挙試験を廃止して、ローマ字化したベトナム語（国語《クオックグー》）とフランス式教育制度を導入することだった。しかし、実効支配が浸透するにつれ、武力より平和的に精神まで完璧に平定化する協同政策に移行していった。具体的には、既存の制度や序列の尊重、現地人官吏の活用、とくにエリート層を植民地の利益に積極的に参加させるような政策をとることだった。

一八八七年、フランスはそれまで植民地省の管轄にあったコーチシナ（南部ベトナム）とカンボジア、保護国で外務省の管轄にあったトンキン（北部ベトナ

同化政策
フランス的同化政策の思想的淵源は、一八世紀の啓蒙主義に遡るといわれる。文化などの差異は教育などの差異によるとする自然法思想を背景として、宗主国の文化や法を積極的に移入し、植民地を統合しようとする政策。しかし、植民地では、宗主国とまったく平等な権利は認められず、伝統的な慣習を破壊された現地人の反乱が相次ぎ、また行政的負担が大きかったため、宗主国で同化主義批判が起こった。一九〇五年の植民地会議での提言を画期として、協同政策へ移行した。

ム）とアンナン（中部ベトナム）を一括して植民地省に移管し、インドシナ総督の下にフランス領インドシナ連邦を結成した。九九年に保護国ラオスが、一九〇〇年に清国からの広州湾の租借地が連邦に加わった。▼

ベトナムは三分割されたが、コーチシナの直轄地を除いて、伝統的な地方行政が温存された。フランス植民地政府は、労働力調達、徴税などの効率化のために村落の自治、組織に期待し、内部への干渉をはじめ控えた。しかし、一八九〇年代後半になると、連邦の財政構造と行政機構、教育体制の整備にとりかかった。総督府は財政基盤を確立するために、連邦政府に間接税（塩、酒、アヘンの専売と関税）を、各地方に直接税をあてた。また、ベトナム語とフランス語で教育をおこなう学校建設をさかんにすすめ、八六年にハノイに通訳学校、九六年に主都フエに国学校を設立した。ホー・チ・ミン*やヴォー・グエン・ザップ*も国学校で学んだ。

インドシナ植民地は、米を近隣の香港、中国、フランス、シンガポール、ジャワに輸出することで成り立っていた。おもな輸出米生産地はコーチシナで、輸出量は一八八〇年の三〇万トン弱から一九〇〇年代前半に約八〇万トン、二〇年代に一五〇万トン前後に増加した。フランス本国からの輸入品は無税とされ、外部からの輸入品には高率の関税が課せられたが、フランスの商品はインドシナの需要に応えられなかった。一八八〇年代初めのコーチシナで輸入に占めるフランス商品の割合は一割程度にすぎなく、そのほかはおもに香港やシン

▼インドシナといっても、その中心はベトナムで、「インドシナ」を「ベトナム」だけで語ったり、「ベトナム」を「インドシナ」全体であるかのように語ったりすることがある。また、安南はグエン朝以前、中国歴代王朝による正式な呼称で、ヨーロッパ人もアンナン王国とよび、日本でも安南が使われた。「安南」でベトナム全体をあらわすときがある。

ホー・チ・ミン（胡志明）
一八九〇?～一九六九年。五〇年にわたるベトナム独立運動、社会主義運動の指導者。「ホーおじさん」として、国民に慕われた。一九七五年の南北統一後、南ベトナムの首都であったサイゴンをホーチミン市に改めた。七五頁の「グエン・アイ・クオック」も参照。

ヴォー・グエン・ザップ
一九一一年～　。ベトナム人民軍の創設者。ホー・チ・ミンとならぶベトナム革命の指導者。将軍、国防相として対フランス、対アメリカ戦争を指導した。

ガポールからの商品で、一九二〇年代になると輸入の七〇％は中国や日本などの製品で占められた。これらの輸出入貿易で利益を得たのは、おもにサイゴンのフランス人、中国人、ベトナム人貿易商人、精米業者、籾《もみ》商人であった。

このような植民地化の過程で、伝統的知識人層の権威は失墜した。反植民地運動に最初に立ち上がり、勤王運動を担った村落有力者・知識人のなかから、二〇世紀になると中国の改革運動の影響を受けて西欧文明の摂取と超克をめざす者があらわれた。かれらは明治維新を理想化し、日本留学をよびかけた。これを東遊《ドンズー》運動＊とよび、最盛期の一九〇七年には、児童を含む在日留学生は二〇〇人近くになった。国内でも、〇七年ハノイに設立された東京《トンキン》義塾＊に代表される啓蒙塾で、近代化啓蒙運動をおこなった。やがて、これらの抵抗運動の思想的基盤として、フランスの普遍的価値が取り入れられるようになっていった。▼1

いっぽう、カンボジアは一八六三年にフランスの保護国になった。一七世紀半ば以降、カンボジアの王位にベトナムとシャムが直接干渉するようになり、領土の分裂状態が続き、一九世紀半ばにはシャム支配下のメコン川の上流部とベトナム支配下の下流部に分割されていた。カンボジアを巻き込んで、一八一一年、三三年、四〇年の三度、ベトナム・シャム戦争が勃発した。三度目は、ベトナム化政策に反対する蜂起が起こり、シャムの援軍を得てベトナム軍と戦ったが決着がつかないまま四五年まで続いた。この三次にわたる戦争によって、

東遊運動
ファン・ボイ・チャウ（一八六七～一九四〇年）が提唱した抗仏・独立回復のために日本へ留学する運動。危機感を抱いたフランス植民地政府は、国内の支援者を弾圧し、日本政府に運動の取り締まりを要請した。一九〇七年の日仏協約後、多くの学生が日本を離れた。

東京義塾
一九〇七年にハノイで啓蒙を目的として設立された学校。儒教や科挙、迷信・悪習を打破し、西洋思想・制度を紹介して、近代化を唱えた。また、商工業の振興をめざして商会を設立した。植民地政府は、当初容認したが、〇八年に閉鎖を命じ、わずか八ヵ月で活動は終わった。

▼**1**　一九四五年のベトナム民主共和国の独立宣言には、「アメリカ独立宣言」とともに「フランス人権宣言」の一節がそれぞれとりあげられた。ホー・チ・ミンの革命のイメージは、フランス革命であったといわれている。

ベトナムの領域とシャムの領域が画定し、残されたところが現在のカンボジア王国の中核部となった。▼2

その後カンボジアはベトナムとシャムの干渉から解放されるのを期待して、フランスに接近し、シャム人顧問の不在中の一八六三年八月に保護国化を受け入れた。そのいっぽうで、同年一二月に同様の保護条約をシャムと秘密裏に結んだ。しかし、この二重の保護条約はフランスの知るところとなって、六七年シャムに保護条約を破棄させ、フランスの保護権を承認させる内容の条約を結ばせた。また、カンボジア王室内では謀反などが相次ぎ、六七年に都をウドンからプノンペン*に遷した。

フランスは一八七七年に行政改革の布告をノロドム王（位一八六〇〜一九〇四年）に出させたが、すすまなかったため、八四年に支配強化を盛り込んだ新協約を結ばせた。これにたいして、王族が反乱を起こし、全国に拡大した。フランスは新協約の実施を一時延期し、王に平定を約束させたが、反乱は八七年になってようやく終息した。同年、カンボジアはフランス領インドシナ連邦に編入され、王は立法、司法、徴税などの権限を奪われた。農民は地租や人頭税を課せられ、賦役として土木工事などに駆り出された。

一九〇〇年に王の長子ユコントーが、フランスでもっとも古い歴史をもつ『フィガロ』紙でフランス植民地主義を批判し、翌年バンコクに追放され、〇四年に親フランスのシソワットが兄ノロドム王を襲って王位を奪った（位一九

▼2　一九世紀半ばのカンボジアについて、つぎの旅行記が参考になる。ブイユヴォーほか（北川香子訳）『カンボジア旅行記』連合出版、二〇〇七年。

プノンペン
カンボジア語で、「ペンの丘」を意味する。一三七二年にペンという名の裕福な婦人が上流から漂着した仏像を祀ったといわれ、一四三四年に町が建設された。一七世紀には中国人や日本人など各国人の街ができ、発展した。一七世紀後半以降、たびたび戦場となって荒廃したが、主都となると小パリといわれる瀟洒な植民地都市が建設された。

〇四〜二七年)。その後、協同政策の下で教育改革がすすみ、〇五〜〇七年にフランス語を教授言語とする公立学校がすべての理事官行政区に設立され、〇六年には寺院学校が初等教育の場として認可された。また、〇七年に不平等条約の改正と引き換えに、シャムからアンコールワット遺跡を含むシェムリアップなどが割譲されると、フランスは遺跡の保存修復や水田開発に着手した(図6)。

ラオスは、一七世紀に国際交易で繁栄し「黄金時代」を築いたランサン王国が、一八世紀初めに王位継承をめぐって争い、ルアンパバーン、ビエンチャン、チャムパーサックの三王国に分裂した。その後シャムの介入を受けて、三王国とも一七七九年に属国になった。一八二六〜二八年に、ビエンチャン王国は属国支配から脱するためシャムに進軍したが、反撃に遭い滅亡した。ルアンパバーン王国はシャム、ベトナム、清の三方に朝貢し、チャンパーサック王国はシャムの直接の支配を受けながらかろうじて存続した(図7)。

一八九三年、フランスは軍事力でシャムを屈服させ、条約でメコン川東岸のラオ地域の支配を認めさせた。もともと画定された境界線をもって排他的にわかれた領域支配が存続しなかったこの地域を、フランスは「ラオス」とした(図8)。その後、九五年に清、九六年にイギリスと協定を結んで境界を定め、さらにシャムと一九〇四年、〇七年、二六年に条約を結んで「ラオス」の西側の境界を確立した。しかし、それぞれの地域の状況は単純なものではなかった。

図6 プノンペンの王宮
植民地支配を安定させようとしたフランスは、伝統様式による王宮の修復をした。

図7　属国ルアンパバーン（現在ラオス北部）に侵攻したホー（漢）鎮圧のために出動したシャム軍（1875年）
象にドイツ製の大砲をのせて運んだ。

図8　ルアンパバーンの王宮
タイ語でルアンプラバーンとよばれる。旧市街地は1995年にユネスコ世界遺産(文化遺産)に登録された。旧王宮は博物館になっている。

総人口一〇〇万にも満たない地域の最大民族はタイ系のラオ人*であったが、全人口の四五%を占めたにすぎなかった。モン・クメール諸語*や、チベット・ビルマ諸語*を話す人びとのほかに、都市にベトナム人や中国人が進出してきていた。そして、盆地ごとにシャムやベトナムに朝貢する無数の小王国があり、なかにはカンボジアに朝貢するものもあった。二重三重の支配被支配の関係は、容易に理解できるものではなかった。そのため、フランスは間接統治せざるをえなかった。

植民地政府は、ラオスを一〇省に分けた。治安は、フランス人武官の指揮の下、おもにベトナム人からなる保安隊が受けもった。各省の行政は、フランス人弁務官の下、これもおもにベトナム人が担当し、ラオス人には雑役が与えられたにすぎなかった。省以下の県（ムアン）には、

ラオ人
ラオ語を母語とし、ラオスのほかシャムにも多数居住している。現在、ラオスに三〇〇万居住しているが、タイ国内には東北部を中心に一五〇〇万人が居住していると推定されている。

モン・クメール諸語
オーストロアジア諸語の三群のひとつで、ベトナム語、クメール語、ミャンマー南部とタイ中部のモン語など、一五〇以上の言語を含む。モン語とクメール語は古くからインド系の文字で記録され、ベトナム語は漢字の部首をもとにした「疑似漢字」であるチューノムで書かれた。ベトナム語は、現在、ローマ字表記の国語（クオックグー）。

チベット・ビルマ諸語
シナ語派とともにシナ・チベット語族を形成する。西はカシミール、チベット、南はタイ北部、ミャンマー、北は甘粛、寧夏まで広域に分布する。チベット語とビルマ語の二大言語に代表され、三〇〇〜四〇〇の言語を含む。

フランス人理事官、助役らが駐在したが、県以下の郡、村では伝統的な区域の有力者が行政にあたった。

　ラオス人のなかには、はじめシャムの苛酷な税の取り立てから逃れることができると、フランスに期待した者もいたが、やがてフランスの近代的な税システムや賦役に不満が蓄積していった。ラオスの植民地経営は慢性的な赤字財政で、人頭税、賦役の代替金、消費税のほか、アヘン、塩、アルコールの専売事業その他の間接税、関税が課せられたが、歳入の約二・五倍にあたる補助金で、インフラ整備などがおこなわれた。一八九五年に南部で起こった反乱は、伝統的な千年王国*的信仰と結びつき、フランスとシャムの両方にたいしてだった。

3　イギリス領ビルマ

　一八世紀半ばに成立したコンバウン朝*（一七五二〜一八八五年）は、周辺地域に勢力を拡大し王権を強化して、領域的に今日のミャンマー連邦共和国の原型となった。その勢力拡大の背景には、中国市場向けの棉花栽培の発展、農業経済への貨幣の浸透と土地の流動化など、大きな社会経済的な変化にともなう行政・経済改革があった。▼棉花栽培は中部ビルマの灌漑稲作地周縁でおこなわれ、一五〜一六世紀に中国商人が買い付けに訪れ、一八〜一九世紀にはビルマ最大の輸出品に成長した。一八五四年、王は棉花貿易の王室独占を宣言して、中国

千年王国
キリスト教終末論のひとつで、終末の日が近づき、神が直接地上を支配する千年王国が間近になったと説く。ゾロアスター教や仏教など広く宗教的背景をもつ社会改革運動の名称としても定着している。東南アジア大陸部の上座仏教圏では、「転輪聖王」もしくは「弥勒」の下生という観念を中核とした運動が各地で起こった。海域部では、天災や社会秩序の混乱が起こったときに、理想的王国を復活してくれる新たな支配者が待望された。フィリピンでは、カトリシズムと結びついた民衆運動が起こった。

コンバウン朝
アラウンパヤー（一七一四〜六〇年、位一七五二〜六〇年）によって樹立され、五七年にビルマ人による国土統一が達成された。一七六七年にアユタヤ朝を滅ぼし、六五〜六九年に上ビルマに侵入してきた清軍を撃退した。また、西方のアラカン王国を八五年に滅ぼし、一八一四年にマニプール、一七年にアッサムを支配下におさめた。

商人を排除し、大きな利益を得た。しかし、アヘン戦争（一八四〇〜四二年）後の中国の海外貿易の拡大、雲南のイスラーム教徒の反乱（一八五五年）による国境貿易の一時的途絶、アメリカ南北戦争（一八六一〜六五年）終結にともなう価格の下落などで、栽培を縮小した。

いっぽうこの勢力拡張は、インドの植民地化をすすめるイギリスと衝突することを意味した。王の中の王を自認するビルマ王の領域意識と、イギリスの近代的領土概念には大きな違いがあった。王の領域意識には、①理念（理想像）、②「諸王の王」であるビルマ王が直接・間接あるいは名目でのみ支配している空間である「ビルマ世界」、③統治対象として一体性をもつ税や労役の徴収単位、という三つのレベルがあり、各王によって、また同じ王でも時期や状況によって王が考える支配空間は伸縮した。王が属領や朝貢国と考えていた地域へのイギリスの侵入は、王にとって許し難いことで、外交交渉の相手はイギリス国王以外にありえなかった。条約についても、王がかわるたびにあらためて承認する必要があった。

一八二四〜二六年の第一次英緬（イギリス・ビルマ）戦争で、ビルマは南東部のアラカンおよびマレー半島東部のテナセリム、五二年の第二次英緬戦争で南部のペグー（下ビルマ）を失い、この三地域をあわせて六二年にイギリス領ビルマ州とされ、ラングーン（現ヤンゴン）に主都がおかれた。そして、戦闘らしきものがほとんどなかった第三次英緬戦争の結果、八五年に王朝は滅亡し、翌

▼一八五七年に地方ごとに異なった税を廃止して全国一律の税制を導入し、六一年には王族・高官、軍人などへの土地の下付を廃止して俸給制に変更した。また、六五年にはイギリス領インドの通貨ルピーと同じ純度、重量の銀貨を発行した。これらの改革は、ミンドン王（位一八五三〜七八年）の下でおこなわれた。

図9　マンダレー監獄に捕らえられた「反徒」たち（1890年ころ？）
王宮のなかに監獄がつくられ、イギリスに抵抗した者が収監された。

八六年に上ビルマを併合して、イギリス領インド帝国のビルマ州となった。▼1
それまでの王朝支配は、末端の城市（町）や村を支配する地方領主を束ねるかたちでおこなわれていたが、▼2 一八六二年以降、弁務長官の下に管区、県、町区、地区に分割され、個々の集落は地区に属した。これまでの地方領主を中心とする社会が根本から覆され、まったく新たな体系に組みかえられた。住民支配は、血縁等の社会的紐帯ではなく、土地を媒介としておこなわれるようになった。地区行政は、三権をあわせもつ県知事によって選任された者が担当し、植民地政府の指定したフォーマットに基づいて報告し、徴税に従事した。八六年から上ビルマの支配がはじまり、最終的に七管区、三八県に分割された。しかし、伝統的地域共同体を基盤とする土着勢力の激しい抵抗にあったため（図9）、中央集権的な村落法を一九〇七年（上ビルマでは一八九七年）に導入し、新たに村落区が組織され、村長が選任された。
このようにビルマ人を中心とする管区ビルマは、数十年間に段階的にイギリ

▼1 最初の一一年間は準州で、一八九七年から正規の州になった。コンバウン朝滅亡後、王族、地方首長、シャン人、カチン人、チン人などの首長、僧侶、農民などがさまざまな思惑からイギリス支配に抵抗したが、統一した運動に発展することなく、九五年ころまでに「ビルマの平定」は完了した。

▼2 城市をミョウ、村をユワー、地方領主をダヂーとよんだ。

シャン人
ビルマでタイ語系の言語を話す人びとにたいして伝統的に使われてきた呼称。自称は「タイ」人。

ス領になり、はじめ統治方法に地域差があったが、しだいに平準化されていき、共通の文化や意識をもつようになった（図10）。しかし、周辺の山地部のシャン人*、カチン人、チン人などは、社会の発展段階や文化が異なるとして、藩王たちにイギリスの主権を認めさせたうえで、藩王国内の行政を任せた。▼3 植民地政府は、イギリスの権力が直接的におよぶ管区ビルマと、間接的にしかおよばない周辺地域の二領域に分けて統治し、周辺地域の住民を民族によって区分し、対立させて利用する政策をとった（図11、図12）。

カレン人の民族意識は、キリスト教の布教とかかわっていた。イギリスは宗教的に中立政策をとっていたため、キリスト教の布教はイギリス人ではなくアメリカ人宣教師によっておこなわれた。一八一三年にアメリカのバプティスト派によってはじまり、三二年にビルマ文字を改良したカレン文字がつくられた。カトリックはすでに一七二〇年代に司教区をつくり、

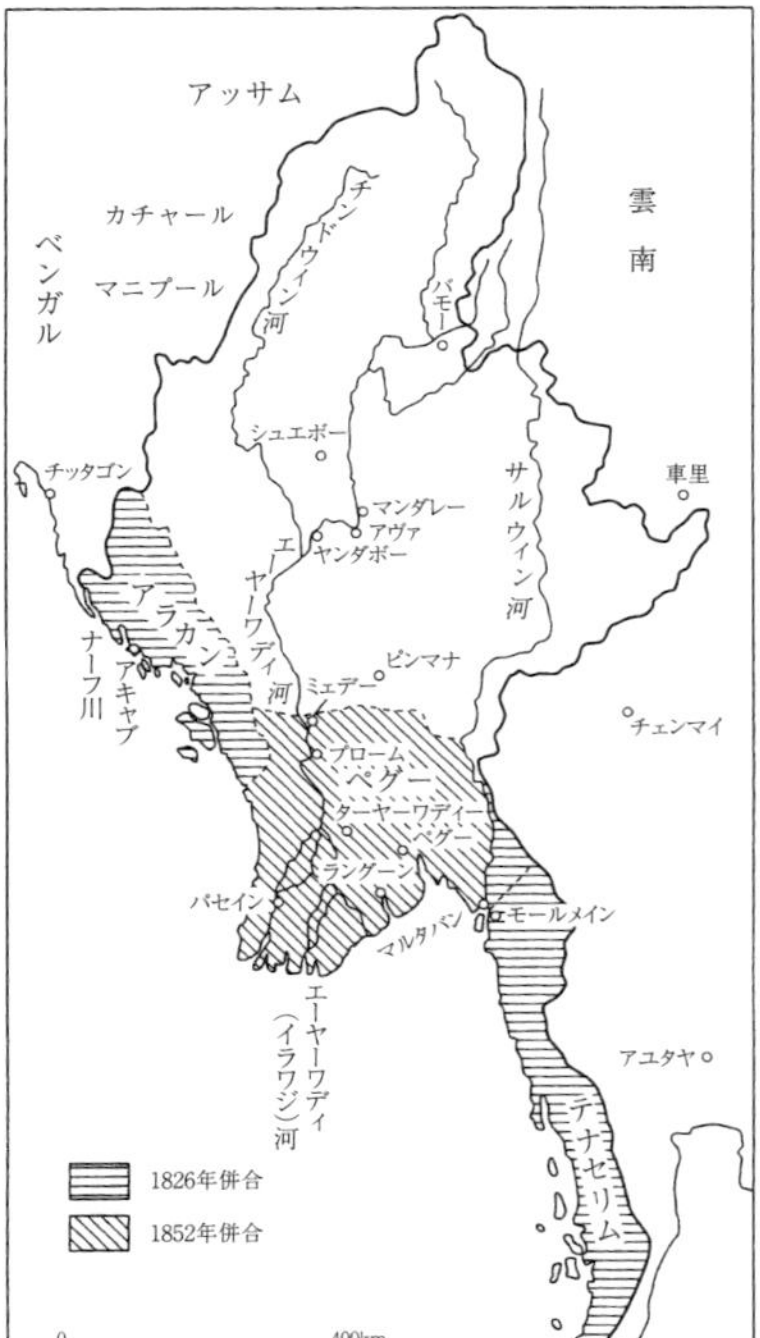

図10　ビルマの植民地化（池端ほか編『岩波講座　東南アジア史』第五巻、一三四頁）
一八二六年、五二年、八五年と三期にわたって、イギリスはビルマを植民地としたが、周辺部は自立した多くの藩王国が存続した。

▼3　一九四七年の独立前のインドでは、総面積の半分近く、総人口の四分の一を藩王国が占めた。藩王国は、防衛・外交権を除いて自治権を認められていた。

図11　現在のミャンマーの管区・州（伊東編『ミャンマー概説』88頁）

各地に教会や神学校を設立していた。そして、西洋式の教育を受けたカレン人のなかから、軍人、警察官、鉄道員、下級官吏、看護婦、教師など、植民地機関で活躍する者が排出した。たとえば、上ビルマ併合後の八六年の軍事警察法で、治安維持を目的に創設された武装警察の要員のうち、半分はインド人、半分はビルマ人の予定であったが、実際にはインド人以外はすべてカレン人キリスト教徒になった。▼1

一八五二年にイギリス支配下に入った下ビルマでは、米の生産・加工を中心

▼1　カレン人の多くが、キリスト教に改宗したわけではない。平地のカレン人は仏教徒が多く、山地には伝統的な精霊信仰を守る者も多い。また、植民地政府による民族分類は、意図的無意図的に分離したり、統合したりしたため、必ずしも正確ではない。

▼2　農業で、もっとも重要な産物は米であった。歴代の王は、米禁輸政策をとった。そのため、自由貿易主義をとるイギリスと衝突することになった。一九世紀初めから王室は、さまざまな商品の専売権

とするモノカルチャー型輸出経済が進展した。▼2 イネの作付面積は五〇年代後半の三〇万ヘクタールほどから二〇世紀初めには二〇〇万ヘクタールを超えるまで拡大し、輸出量も五〇年代半ばの約七万トンから七〇年代前半に五〇万トン以上、一九〇五年に二〇〇万トンに増加した。ビルマから米を輸出する契機となったのは、一八五七年のインド大反乱と六一～六五年の南北戦争によるカリフォルニア米の輸出の途絶から、世界米市場が逼迫したことによった。六〇年代初めから一九一〇年まで、ヨーロッパがビルマ米の最大の輸出先で、下ビルマのデルタ地域の精米業と運送業にヨーロッパからの投資が急増した。その後、輸出先は、ヨーロッパ中心からインド、セイロン（現スリランカ）、海峡植民地などに移った。▼3 生産増を支えたのは、イギリスの関税政策、米価高騰、安価な綿製品の流入などで生活が成り立たなくなり、流民化した上ビルマからの移住労働者であった。加えて、インドからの移民が急増した。

インド移民は、マドラス州やベンガル州の農村下層カースト出身者に集中し、主として港湾荷役作業や精米所、製材所などで雇用された。米の収穫前にビルマに来て、刈り

図12　シャンの藩王のひとりと王宮（20世紀初頭？）
イギリス植民地期のシャン州には、42の藩王国があった。

を競り落とした商人に与えて多くの収益を得ていた。この勅許商権を得た商人は、ビルマ人、中国人、インド人、イギリス人など、さまざまであった。なかにはさまざまな商品の専売権を一手に集中させたインド人もいれば、伐採・販売権を得たチーク材をボンベイ（現ムンバイ）、ジャワ、カルカッタ（現コルカタ）などに広く輸出したイギリス人もいた。

▼3　イギリスへ輸出された米は、ロンドンやリヴァプールの港で精米された後、ヨーロッパ大陸、カリブ諸島、西アフリカに再輸出された。一八八〇年代以降は、六九年のスエズ運河の開通、蒸気船の開発・改良などで輸送期間が大幅に短縮されたため、ビルマで精米されるようになった。ヨーロッパでは、製本用などの糊、蒸留酒製造過程に必要な原料、家畜の餌、貧困層の代用食などの需要があった。

取り作業に従事し、終わると都市部の精米所に向かい、収穫期になるとふたたび農村に戻った。インド移民は、通常三〜四年間ビルマに滞在した。はじめビルマ人との競合はあまりなかったが、一九一〇年代になると農業労働部門での競争激化から、下ビルマ農村部出身のビルマ人が都市の港湾労働や精米工場に進出した。いっぽう、インド人も生活苦からビルマに向かい、都市で仕事にあぶれた者が農村部に流入した。このように、都市でも農村でも過剰労働力が問題となり、ビルマ人によるインド人排撃暴動の原因となった。

ビルマの植民地化は、同じイギリスの植民地となった近隣地域、とりわけインドとの結びつきを強くした。ビルマ人エリートがインドに行く機会が増え、近代的な考えとともに民族運動などの影響を受けた。いっぽう、植民地機構の整備、開発にともなって下級官吏や労働者、農民としてビルマに入ってきた多くのインド人は、ビルマ人としてのまとまりを意識させた。

4　イギリス領マラヤ

現在のマレーシアとインドネシアとの国境の原点は、一八二四年の英蘭（ロンドン）条約にある。この条約によって、ムラカ（マラッカ）海峡を境として、東側をイギリス、西側をオランダの勢力圏とした。イギリスは、一七八六年にペナン、一八一九年にシンガポールを獲得し、二四年の条約でスマトラ島南岸

▼1　フランス革命の影響で、ムラカは一七九五年にイギリスに占領され、ペナンのライバルとなることを恐れたイギリスによって一八〇六〜〇七年に要塞などが破壊されて衰退した。一五年に「ナポレオン戦争」が終結し、一六年にオランダに返還された。

▼2　海峡植民地は、一八五八年にイギリス東インド会社がインド大反乱の責を負うかたちでインド管轄権を失ったことによりインド省の管轄になり、さらに六七年に直轄植民地になった。

ムラユ
古代スマトラ島に存在した国または都市。狭義のムラユ人は、ムラユ語を母語とし、イスラーム教徒でムラユの慣習に従う人びとであるが、広義には海域部に居住するすべてのイスラーム

のブンクル（ベンクーレン）と交換したムラカ[1]を加えて、三二年に海峡植民地[2]とした。

一八六九年にスエズ運河が開通し、蒸気船がインド洋を活発に往来するようになると、ヨーロッパとアジアの貿易は飛躍的に発展し、イギリスは積極的に東南アジアの植民地化に乗りだした。七四年、ペラ王国の王位継承に介入してパンコール条約を締結し、理事官制度を導入した。当時マレー半島にはいくつもの小王国が分立し（図13）、これらに錫《すず》鉱山に導入された中国人労働者の秘密結社が絡んで、各王国で内紛が絶えなかった。それまで不介入方針だったイギリスは、七三年九月に積極的に介入する方針に転換した。七四年一月、パンコール島沖に停泊していた砲艦に、ペラ王国の有力者と中国人秘密結社の指導者たちを招いて、スルタンの地位を確認し、秘密結社の支配地域を定めた。この条約によって、イギリス人理事官が、徴税権、警察・軍事権、裁判権を掌握した。

それまでムラユ*（マレー）諸国では、最終的な政治的意思決定は、スルタン*（イスラーム王）と首長層を成員とする長老会議でおこなわれてきた。しかし、この

教徒をさす。海域東南アジア、台湾、マダガスカル、メラネシア、ミクロネシア、ポリネシアに分布する約八〇〇言語からなるオーストロネシア語族に属す。カンボジア、ベトナムのチャム人など、大陸部にも分布する。

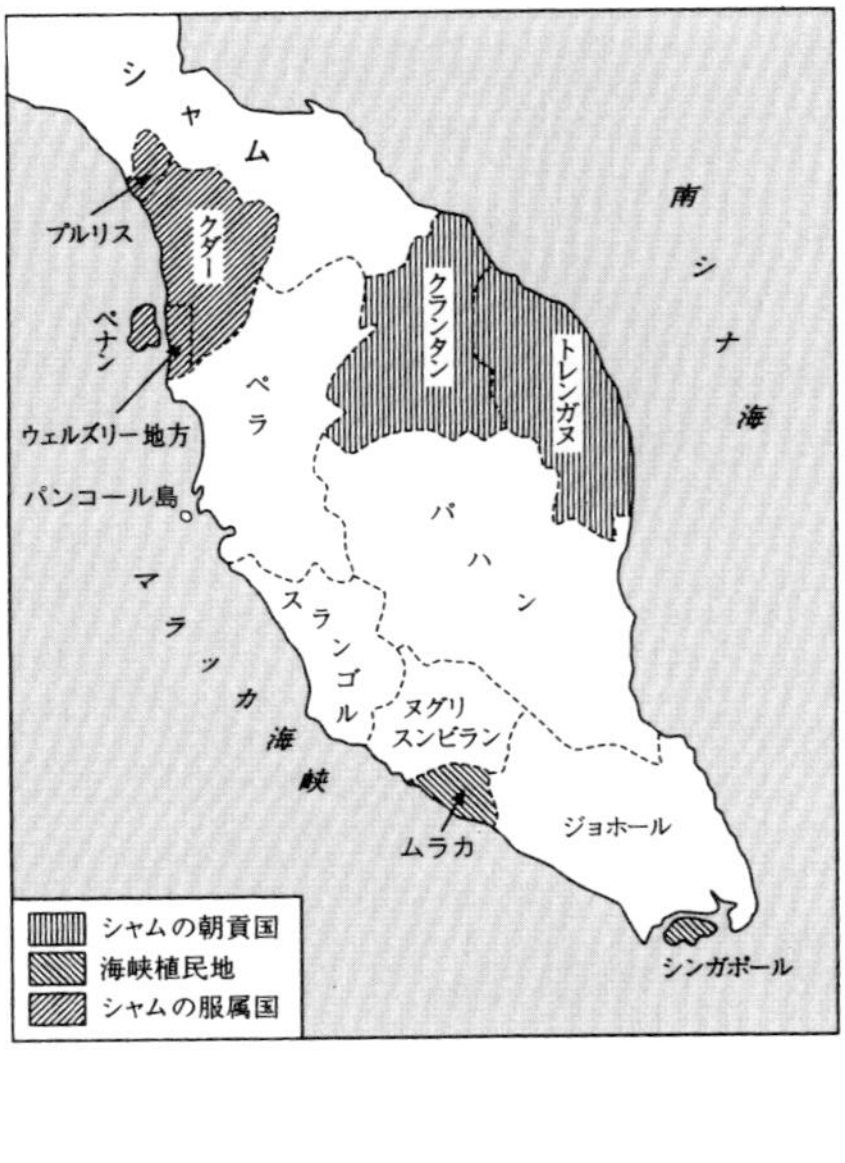

図13　一九世紀半ばのマレー半島（池端ほか編『岩波講座　東南アジア史』第五巻、一九四頁を一部改変）
これらのシャムの朝貢国・服属国は、現在マレーシアに属している。

条約で、イギリスは宗教と慣習にかかわる問題以外すべて、イギリス人理事官の権限とした。もっとも問題となったのは徴税権で、条約締結当時、スルタンはシンガポールの中国人に一〇年契約で徴税を請け負わせていた。イギリス人はそれを無効にし、イギリス人理事官が徴税の権限を握ることとした。また、イギリスが任命した判事が、スルタンにかわって司法権を行使することとした。徴税権や裁判権をとりあげられたスルタンや首長層の不満は高まり、イギリス側の責任者を殺害する事件が起きたりした。

それにたいして、イギリスはインドおよび香港からの援軍をもってペラ王国を占領し、スルタンを流刑にした。いっぽう、イギリスはムラユ人支配層の協力を得るために、一八七七年に王族・貴族、イギリス人の理事官と副理事官、中国人代表者から構成される参事会を創設した。この参事会で立法、司法、行政にかんするあらゆることを処理し、のちにほかのムラユ諸国でも採用された。同じころ、イギリスはスランゴル王国やヌグリスンビラン王国、パハン王国にも介入して、イギリス人理事官を駐在させることに成功した。こうして、九〇年代中ごろまでに、イギリスは錫が産出したペラ王国、スランゴル王国、ヌグリスンビラン王国に、金の産出が期待されたパハン王国を加えた四つのムラユ諸国に理事官制度と参事会制度を導入し、支配下においた。▼そして、九五年に連合協定を結び、翌九六年に連合マレー諸州が成立した。主都をクアラルンプルにおき、毎年四王国の統治者とイギリス人官吏からなる統治者会議を開催し

▼海峡植民地の成立によって、マレー半島各地の王国と周辺地域との貿易量が急速に増大し、ムラユ人支配層は経済的実権を握って豊かになった。しかし、いっぽうで支配層の経済競争が激化して、王位継承などで内部抗争が頻繁に起こるようになった。そして、一八五〇年代に中国人人口が増大すると、本国から持ち込んだ秘密結社の派閥抗争が絡んで、問題をさらに深刻にした。そこに、さまざまな集団から援助を請われたイギリスがつけ込んで、支配を強化していった。

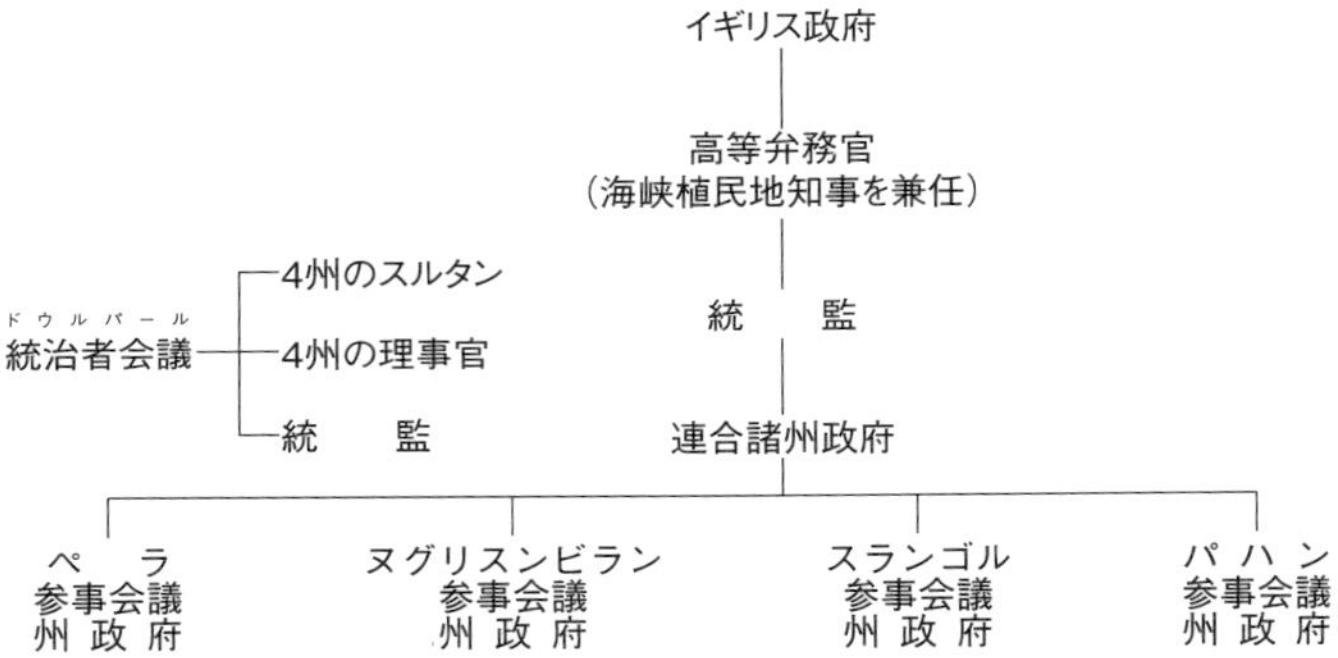

図14　連合マレー諸州の政府機構図（池端ほか編『岩波講座　東南アジア史』第5巻、199頁を一部改変）

た（図14）。ジョホール王国は、一八二四年の英蘭条約によって、この地がイギリス勢力圏となったのを機に新たに自立した。移民による農業開発や交易で発展し、九五年に憲法を制定、一九一二年に枢密院を設立して近代化した行政組織を整えた。しかし、一四年の条約でイギリス人顧問が駐在するようになり、しだいにイギリスの圧力が強まって衰退し、実質的に連合諸州の一州に等しいものになった。

　このようにして、イギリスの直轄植民地である海峡植民地、連合マレー諸州、非連合マレー諸州をあわせて、しだいにイギリス領マラヤと総称するようになった。非連合マレー諸州のジョホール、クダー、プルリス、クランタン、トレンガヌの諸王国は連合諸州に組み入れられた四王国に比べ、イギリスの影響力が弱く、行政制度においても独自の発展をとげた。これらの諸王国が事実上イギリスの保護下におかれるようになったのは、二〇世紀になってからで、イギリス人顧問を受け入れた。ジョホールを除く四王国は、マレー半島北部に位置し、従来シャムの支配下にあったが、一九〇九年のイギリス・シャム条約で、イギリスの保護下におかれた。クランタン王国とトレンガヌ王国が正式に保護国となったのは一九年、クダー王国は二三年、プルリス王国は三〇年であった。また、ボルネオ島には、イギリス勢力下のサラワク*、サバ（北ボルネオ*）があり、一八八八年にブルネイ王国*とともに、イギリスの保護領となった。

イギリス支配下に入った連合諸州では、錫の生産が飛躍的に増大した。イギリスで、缶詰生産が発展し、ブリキ板の増産が求められたためである。機械化と技術改良がすすんだこともあって、錫の産出量は一八五一年の六五〇〇トンから九三年の四万トンに増加し、七〇年代に世界四位だったのが八三年には一位になった。錫鉱山の開発を実際に担ったのは、豊かな労働力および資金の調達ができた中国人であった。ムラユ人首長は、約束された収入が得られるかぎり干渉しなかった。その結果、鉱山開発とともに中国人労働者が急増し、都市にも多くの中国人が住むようになった。九一年、クアラルンプルの中国人人口は四万を超え、全人口の七九%を占めた。

農産物では、コショウやガンビール*の栽培が中国人の経営によって進展した。

サラワク
一八四一〜一九四一年に白人王ブルック一族三代が支配したため、ブルック王国とよばれた。日本統治、イギリス直轄植民地を経て、一九六三年のマレーシア連邦結成に参加した。

サバ（北ボルネオ）
一八八一年に設立された北ボルネオ特許会社によって、翌八二年から事実上統治された。サラワク同様、日本統治、イギリス直轄植民地を経て、一九六三年のマレーシア連邦結成に参加した。

ブルネイ王国
ボルネオ島各地の港市を支配し、フィリピン諸島にまで勢力を拡大した時期もあったが、サラワク、サバがイギリスの勢力下に入り、現在の狭い領土を支配するのみとなって、一八八八年にイギリスの保護下に入った。一九五九年に自治が認められ、八四年にブルネイ・ダルサラーム国として完全に独立した。

ペラ王国のサトウキビ農園も中国人の経営だったが、一八八四年以降ヨーロッパ企業も参入した。また、ヨーロッパ企業は、七〇年代からコーヒーのプランテーションを広げ、労働者としてタミル人を雇った。▼鉱山もプランテーションも、一般ムラユ人とはかかわりなく、無縁の世界だった。

ところが、二〇世紀になるとゴムの需要が高まり、耕作面積が一気に拡大した。そのなかに、ムラユ人を中心とする小規模農園が含まれていた。もともとムラユ人は、河口からすこし入った港を中心にイスラーム王国を建設し、スルタン支配下で漁業・交易、自給的稲作農業と伝統的宗教教育を基本とする生活をしていた。人びとは、カンポンとよばれる集落で親族を中心にクンドゥリとよばれる共食儀礼などをとおして、地縁・血縁で結束した生活を営んでいた。

集落の土地はもともと共同所有であったが、一八九〇年代から一九〇〇年代にかけて土地登記がすすみ、土地は首長や家長などの特定の個人の所有となった。個人の所有となった土地は、ブームにのってゴム農園に転換された。ゴムは、二〇世紀になってアメリカの自動車産業が発展するなど、需要が急速に高まった。ゴム農園では個人で労働することが多く、住民間の連帯意識は薄れていった。そのうえ、スルタンはじめ王族や各地の首長は行政機構に組み込まれ、従来のムラユ人の代表、地域社会の代表から植民地政府の代理人の立場に変わっていった。集落の結束、スルタンへの忠誠はしだいに薄れ、ムラユ人社会のまとまりはなくなっていった。

ガンビール　阿仙薬。古くは万能薬として用いられ、正露丸や仁丹にも配合されている。近代になって、茶系染料や皮なめしなどに大量に用いられた。

▼インド人労働者のマレー半島への移住は、一八三〇年代にはじまる。当初、サトウキビやコーヒーのプランテーションで雇われたが、一九一〇年当時で契約移民は二五二三人にすぎなかった。それが募集制度が変わったこともあって、一一～二一年までのあいだ毎年約一〇万が移住し、最高潮に達した二六年には一七万を超えた。インド人人口が増加したのは、ゴムのプランテーション開発がおこなわれたペラ王国、スランゴル王国、クダー王国、ジョホール王国であった。しかし、三八年、イギリス領インド政府は、マラヤへのインド人移民を禁止した。インド人移民の多くは、中国人移民に比べ収入が少なく、生活環境も劣悪で、農村出身者のために、都市に進出することもなかった。

一九〇九年、政府は土地税や借地料にかわる労働による納税を廃止したうえ増税し、牧畜、森林の開拓、森林産物の収集、狩猟にも課税した。納税のために現金を必要とするようになったムラユ人のなかには、集落の中国商人から借金して結果的に担保とした土地を失い、小作農や賃金労働者に転落する者があらわれた。ムラユ人の不満はつのったが、スルタン領や集落を越えてムラユ人を結束させる反植民地運動の指導者は出現せず、大規模な運動に発展しなかった。ムラユ人といっても、一九世紀後半以降にジャワ島、スマトラ島、南ボルネオやマレー半島東海岸から移住してきて、湿地帯や森を開墾し、新たに稲作地とした者が多く、土地に執着がなく、住民間の結束力も弱かった[▼1]。

そのようななかで一般ムラユ人を結びつけたのが、イスラームだった[▼2]。従来ムラユ人の教育は、イスラーム寄宿学校[▼3]でおこなわれた。個人的な名声を頼りに教師のところに集まり、寄宿して、ムラユ語(マレー語)のアラビア文字表記[▼4]を使って伝統的なイスラーム教育がおこなわれた。しかし、二〇世紀になるとアラブ世界で近代的イスラームを学び、帰国して人気を集める教師があらわれた。また、一九一七年には近代イスラーム学校マドラサ・ムハマディアが開校し、英語、アラビア語、ムラユ語で教育をはじめた。都市では、ムラユ人、インド人、ジャワ人、アラブ人のイスラーム教徒が交流し、とくに南アラビアのハドラマウト*出身のアラブ人は貿易などに従事しながら、指導者として慈善事業をおこない、病院、モスク、コーラン学校などを建設した。そして、一九

▼1　スランゴル王国やジョホール王国は、一七世紀後半にスラウェシ島から移住してきたブギス人、ヌグリスンビラン王国は一八世紀にスマトラ島から移住してきたミナンカバウ人によって建国された。

▼2　プルリス王国は、一八四三年にアラブ人との混血者によって建国された。一七七一年に西ボルネオのポンティアナック王国を建国したのも、アラブ人混血者であった。

▼3　ポンドクとよぶ。ジャワでは、プサントレンなどとよぶ。師にたいする絶対的忠誠と崇拝、成員間の同胞意識、自主的な管理と運営、礼拝と学習の励行、禁欲的な生活などに特徴がある。近代学校制度が普及した今日でも、農村を中心に大きな影響力がある。

▼4　ジャウィという。一五～一六世紀ころ、イスラーム思想の伝播にともなって使われるようになり、ムラユ各地への伝播を促進した。

世紀後半から活発になったマッカ（メッカ）巡礼やアラブ世界への留学は、ムラユ人をイスラーム世界の一員として自覚させる充分なはたらきをした。

こうしたイスラーム教育の動きは、イギリス式の近代公教育の導入に対抗してのものだった。ムラユ語による公教育は、はじめムラユ人の多くが世俗教育に懐疑的であったために遅々としてすすまなかった。それまで教育文字であったムラユ語のアラビア文字表記にかわって一九〇三年にローマ字表記が導入されれ、さらにカリキュラムに宗教教育が取り入れられても、教員不足もあって普及しなかった。

いっぽう、エリートの教育機関である英語学校は、不足する下級官吏養成を目的とするようになり、一九一〇年にはムラユ人行政官制度が導入された。〇五年に開校したマレー・カレッジに集まった出身地もムラユ語方言も違う王族・貴族の子弟は、そこではじめて中国人、インド人に対抗して「マレー人」を意識し、ムラユ人の利益擁護を求めるようになった。しかし、連合マレー諸州において、英語学校に就学するムラユ人の比率は、一九年で中国人四八%、インド人三〇%にたいし九%にすぎず、しかも二〇年まで成績より家柄で入学が許可された。

ハドラマウト
アラビア半島南部の高原地域で、現在はイエメン人民民主共和国に属す。海上交通の要衝で、アフリカ東海岸、インド、東南アジアとの関係が深い。インドネシア、マレーシアに多くのハドラマウト商人が移住し、帰国した者のなかには、インドネシア人やマレーシア人の妻をともなう者もいた。

5　オランダ領東インド

一七世紀末までに、オランダは海域東南アジアのヨーロッパ勢力のなかで優位にたったものの、香料貿易などはかつてのように莫大な利益をあげることもなく、また地元のブギス人*などの海洋民や中国人、ポルトガル私貿易商人などの活動もあって、オランダ東インド会社は領土支配を積極的におこなう余裕もなければ関心もなかった。イギリス公文書館に所蔵されている地図からも、一八二四年の英蘭条約から四六年まで、オランダが領域として主張していたのは、ジャワ島とマルク諸島（モルッカ諸島）を除いて、スマトラ島西部、南部、ボルネオ島南部の河口などにすぎなかったことがわかる。それが、八二年に作成された地図では、オランダ領東インド形成に向けて今日のインドネシアに近い領域を主張している。この間に、オランダは植民地獲得に積極的になった。

一七八九年にフランス革命が勃発し、九五年にフランスがオランダを攻撃して占領すると、イギリスは八八年に締結したオランダとの条約▼にしたがって、ケープ植民地、インド、スマトラ島、ジャワ島、ムラカにあったオランダ支配地や商館をつぎつぎに占領した。一八一一年に占領されたジャワでは、ラッフルズ*の下に金納を原則とした地税制を村落単位で実施するなどの改革がおこなわれた。充分な成果があげられないまま一六年にオランダに返還されたが、オ

ブギス人
インドネシアのスラウェシ島南西半島に居住し、近隣のマカッサル人と言語、文化で類似性があり、島外では区別されないことがある。一五世紀半ばからの「商業の時代」以降、海賊、傭兵、商人として広く海域世界で活躍し、アユタヤ、バンコクなど大陸部にも進出した。その背景には、優れた造船、航海術など、海洋民の伝統があった。各地へ移動して内政に干渉し、海運・海軍力を背景に実質的支配者となることもあった。

▼両国の共通の敵国であるフランスから攻撃を受けた場合、自国の植民地を守るために互いの植民地を占領して、領土を保全する、という内容。

ランダは地方行政システムなどを基本的に継承した。

　復帰したオランダは、財政立て直しのために経済活動の統制を強化し、王家や地方領主の権限を縮小した。ジャワ語でブパティとよばれた地方領主は、ラッフルズによる改革以前に、すでに地方長官（オランダ語でレヘント）の世襲権、官吏任免権を奪われ、さらに職田や労役・徴税権が削減されて、かわりに俸給が支給される官吏化が促進されていた。それまで地方長官に任命された首長は、宮廷から相対的に自立し、軍事力をもち、王朝中央と類似した支配体系を敷いていた。商品の供出義務など、一定の義務を果たせば、領内の内政に干渉されることはほとんどなく、労役や租税を徴収でき、司法権、警察権も保持していた。窮乏化した貴族は、領地をヨーロッパ人プランターなどに貸し出したが、王侯領内の借地が禁止され、収入の途を絶たれた。その結果、困窮した旧支配層が反乱を起こし、王族によるジャワ戦争*（一八二五～三〇年）に発展したが、鎮圧された年に導入された栽培制度*（次頁）によって、財政は急速に好転した。ジャワは、事実上、サトウキビ、コーヒー、藍などの輸出用換金作物の国営プランテーションとなった。

　栽培制度の実行は、当時東インドにいたわずか数百人のオランダ人官吏だけでは不可能で、地方領主から末端のデサ*（次頁）とよばれた村落の首長までの協力を必要とした。かれらは地税の査定と徴収から、農地や人員の割りあてまで重要な役割を担い、栽培と供出にかかわる手数料を得て経済的に潤った。しかし、し

トーマス・スタンフォード・ラッフルズ
一七八一～一八二六年。イギリスの植民地行政官で、ジャワ副総督（任一八一一～一六年）。ジャワの制度、文物を詳しく調査し、自由主義思想に基づいて改革にのりだした。一八一九年にシンガポールを獲得し、その建設者として知られる。

ジャワ戦争
ジャワのマタラーム王国最後の反オランダ戦争で、指導者の名からディポヌゴロ戦争ともいう。ディポヌゴロは王の長男だったが、母の出自が低いため弟が王位に就いた。戦争のきっかけは、この王位継承や道路建設のための土地収用問題であったが、慣習法を無視された経営がおこなわれていた民間プランテーションで不満が高まっていた農民などが反乱に加わり、急速に中部・東部ジャワに拡大した。鎮圧後、自治領の植民地化が本格化し、ジャワでは直轄領が大幅に増えた。

だいに自然災害や汚職などの弊害が明らかになり、一八七〇年には自由主義政策への転換がおこなわれ、利益のあがらないものから順次民間栽培へ移行した。

栽培制度は、ジャワ社会に大きな影響を与えた。栽培は、村落を最小基本単位としておこなわれたため、共同体意識が強固になり、重要な役割を担った村落首長の権限が拡大された。安定的な利益を享受した首長層のオランダへの従属は強まり、一般住民とのあいだに格差が生じるようになったが、全般として経済的に向上し、人口が増加した。一八三〇年にジャワ全体で七〇〇万程度と推定された人口は、九〇年には二三六〇万になった。有数の米供給地域であるジャワの人口増加と輸出向け農業の発達により、オランダ領東インドは米の輸入地域に転じた。

財政的に余裕のできた植民地政府は、一九世紀後半から領域の拡大に乗りだした。各地の小王国を直接統治下におくなどして、一九一〇年代までに今日のインドネシア共和国の原型となるオランダ領東インドが形成された。最大の抵抗をしたのはスマトラ島北部のアチェ王国で、一八七三年にはじまったアチェ戦争*は四〇年になろうとしていた一九一二年にようやく終息した。

栽培制度終了後、一八七〇年に成立した農地法を活用して、私企業が国有地や私有地を長期間借りてプランテーション経営に乗りだした。その結果、砂糖生産は七〇年の一・五万トンから一九〇〇年の七五・三万トンに急増し、ジャワの単位面積当たりの生産量はキューバやフィリピンなどを抜いて世界一にな

栽培制度
公式には政府管掌栽培といい、政府栽培あるいは栽培制度と通称された。制度の内容から、日本で意訳された「強制栽培制度」は誤訳に近い。政府が一方的に定めた低い栽培賃金で、住民に農産物を栽培、製品化させ、収益は政府の歳入とした。単一の制度ではなく、地方的制度の総称で、実態も地域差が大きかった。

デサ
人口は一九世紀初め平均一〇〇～二〇〇ほどだったが、一九世紀半ばには五〇〇～六〇〇、一九一〇年代には八〇〇～九〇〇に増加した。デサ長は、労役や税負担の義務がある自立農民の有力者から選ばれ、行政を担った。デサは上級権力の支配に服すが、一定の自立性も備えていた。ただし、人口も形態も地域によってかなりの差があった。

った。私企業の活発化は、階層分化を一層進行させ、村落共同体の秩序を流動化させた。また、労働力が不足したスマトラ島では、ジャワ人や中国人労働者が導入された。

植民地政府は、領域が拡大していくにしたがって、統治制度の体系化をはかり、一八七〇年代のジャワでは州―県―郡―分郡―村の行政区に分けられた（図15）。オランダ人官吏は県以下の原住民首長を通じて間接支配した。また、行政機構の拡大にともない、学校教育の拡充がおこなわれた。七九年にジャワ人首長の子弟のために開設された首長学校では、九三年以降官吏養成をより明確にした実践教育をおこなうようになり、出自よりも個人の能力や学歴を重視するようになった。新たに出現したエリートの多くは、やがて植民地支配を担う官僚機構に組み込まれたが、植民地支配を批判し民族運動を展開するグループも出現した。

一九世紀をとおして村落共同体が再編強化されるなか、交通・通信網が発達して、人びとの交流や情報交換が容易になった。とくに、イスラーム教徒はマッカへの巡礼をとおしてイスラーム世界の一員としての自覚を高めた。また、アラビア半島南部のハドラマウトなどからのイスラーム商人が、イスラーム教徒の活動を支援した。

二〇世紀になると、オランダ植民地政府は、倫理政策*の下に住民の生活水準を改善するための社会経済的諸政策と「原住民に自治を教え、自治にたえうる

アチェ戦争
オランダがスマトラ島への干渉を拡大したのにたいして脅威を感じたアチェ王国は、オスマン帝国、アメリカ、イタリアと秘密裏に接触したが、その甲斐なくオランダは侵略を開始した。アチェ軍はゲリラ戦によってオランダ軍を圧倒したこともあったが、積極的攻勢に転じたオランダ軍によって制圧された。戦争の前半は、伝統的スルタン支配体制を守ることを目的としていたが、後半になるとジハード（聖戦）を訴え、イスラーム共同体の理想像を掲げた宗教・社会改革運動に転じた。

倫理政策
オランダが一九〇一〜二〇年代半ばまで採用した開明的政策。キリスト教布教、権力分散および住民の福祉向上を骨子とする。その実現のために、新しいタイプの学校を各地に設置した。しかし、二〇年代に入ると、共産主義者の蜂起などで破綻し、二〇年代後半以降強圧政策に転換した。

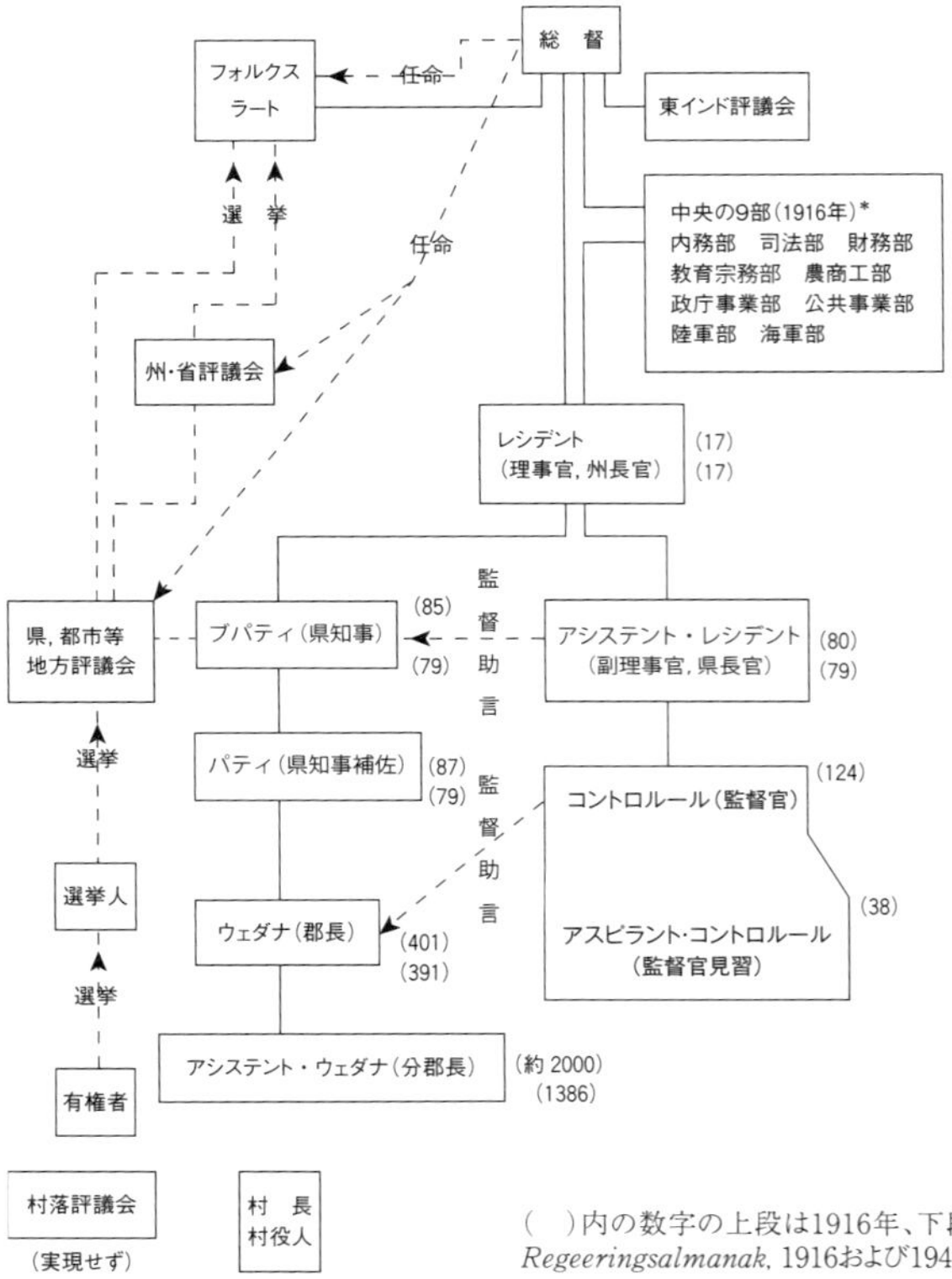

(　)内の数字の上段は1916年、下段は1941年の人数。
Regeeringsalmanak, 1916および1941から作成している。

図15　20世紀初頭の中央とジャワ地方行政機構図（土屋ほか編『インドネシアの事典』480頁を一部改変）＊1941年は、内務、司法、財務、教育宗務、経済、交通水利、陸軍、海軍の８部

ユーラシアン
欧亜混血の総称であるが、インドネシアではとくにオランダ人とインドネシア人の混血者をさす。各時代における人口は定かでないが、ジャワ島では一八六〇年に四万四〇〇〇、一九〇五

よう成熟せしめるための自治政策」をおしすすめた。前者は一九二九年の世界大恐慌の影響もあって失敗に終わり、後者は権限と予算がひじょうに限られていた。それでも、一九〇三年の地方分権法に基づいて設立された都市評議会と州評議会は、自治体としてのはじまりとなった。これらの地方議会の上に、中央議会としてのフォルクスラート（植民地議会）が一八年に設けられた。議員は当初その多くが混血者であるユーラシアン*を含むヨーロッパ人に限られ、総督による任命だったが、まもなく一部は選挙によって選出されるようになり、原住民や外来東洋人*も加えられた。また、ジャワの行政村については、〇六年に原住民自治体条例を定め、村落内部の問題を自分たちで決定できることが確認され、村長の権限が強化された。村長は農地を占有する村民によって選挙で選ばれ、村内の財産や施設の管理者で運営に強い権限をもち、国家の警察権や徴税権を委託された。ただし、村長選挙の結果を含め、村落の決定を植民地政府が否認することができたため、村落の植民地支配はますます強化され、末端に組み込まれた。この中央が地方を直接把握する体制は、独立後も継承され、地方行政制度の基礎となった。

そのようななか、近代的に組織化された民族運動を推進する母体が生まれた。一九〇八年に成立したブディ・ウトモ*（ジャワ語で「至高の徳」の意）は、教育による下級支配者層の社会的上昇を基本的な目的とした。宗教色がなく、当初は政治活動をしなかった。エリート中心で大衆的な基盤を欠き、ジャワ人の文

年に九万五〇〇〇、三〇年に二四万という推計がある。「オランダ人」あるいは「ヨーロッパ人」と表記された場合、その多くがユーラシアンの場合がある。オランダ人社会からも原住民社会からも除外され、対立する場合もあったが、一定の社会的影響力をもっていた。

外来東洋人
オランダ領東インドでは、オランダ人を最上層、中国人を中心とする外来東洋人を中層、「原住民」を最下層に位置づけた三元主義をとった。植民地政府が「原住民」とよび、まだ自らに「インドネシア人」という意識がなかったため、本書でも植民地支配の文脈では「原住民」と表記する。

ブディ・ウトモ
バタビアの東インド医師養成学校の学生を中心に結成された。しだいに中部ジャワ中心の原住民官吏層にその指導権が移り、ジャワ人中心に植民地政府と協調をはかる保守的性格を強めたため、政治的影響力を失った。

化的・社会的利益をはかる運動で、植民地支配の打倒をめざすようなものではなかったが、民族的な自覚を促す貢献をした。いっぽう、一一年に設立されたイスラーム同盟*は、相互扶助組織としてスタートしたが、イネの不作と米価急騰、疫病の流行、自然災害の多発、辛亥革命（一九一一年）に刺激された中国人の興奮などといった状況のなかで、急速に大衆の支持を獲得し、一三年半ばには会員三〇万を超え、一四年にはジャワ島以外にも拡大して、東インド全体にわたる最初の大衆組織に発展した（図16）。そして、一二年に「東インド人のための東インド」を掲げた東インド党がバンドゥンで結成された。「東インド人」とは、血筋や文化の違いにもかかわらず東インドを祖国と考える住民のことであったが、党員や幹部の八割は欧亜混血者《ユーラシアン》であった。また、独立を掲げた最初の政党であったが、植民地政府が合法団体として承認しなかったために一三年三月に解散した。

イスラーム同盟（サレカット・イスラーム）　中部ジャワのスラカルタで結成された。指導者は貴族出身の洋式教育を受けた在野の知識人だったが、全体としては西洋近代的進歩、土着的相互扶助、イスラームの三つの価値観が混在した二〇〇以上の地方組織の寄り合い所帯だった。

図16　イスラーム同盟のデモ（一九一二年）

6　アメリカ領フィリピン

一五七一年にマニラに植民根拠地をおいて以来、スペインはカトリック化と一体となった植民地化をおしすすめた。その結果、一〇〇年後にはルソン島、ビサヤ諸島からミンダナオ島北岸にいたる、今日の低地キリスト教徒社会の原型が形成された。総督の下、州、町、村の三段階からなる統治がおこなわれたが、地方行政の基本単位は町であった。[1] 町は、教会組織の教区（聖堂区）とほぼ重なり、教区司祭はスペイン人であることが多く、町で数少ないスペイン人として強い影響力をもった。町長や村長は、インディオとよばれた原住民のなかから選出された。

一八三四年にマニラが正式に国際貿易港として開港されると、外国商船の入港が増加し、市場拡大が求められるようになった。それまでスペイン人の州知事に特権的に認められていた商業活動は禁止され、国内商業がフィリピン住民一般に開放された。はじめ地方の商業はおもに中国系メスティーソ（混血者）によって担われたが、五〇年の中国移民奨励法によって中国移民が増加すると、かれらにとってかわった。中国系メスティーソは高利貸しに転じ、金融活動を通じて土地を所有するようになり、やがて大規模な土地所有者に成長した。

一八五〇年代に入って本格的に貿易の自由化がおこなわれると、相手国、品目が変わっていった。二〇年代まで主要輸出品はアメリカ大陸からの銀と地元の海産物などで、輸出先は中国であった。それが五〇年代以降になると、輸出貿易ではアメリカとイギリス、輸入ではイギリスとその植民地が多くを占めるようになった。輸入品は工業製品が増加し、とくに綿製品が五〇％以上を占めるようになった。輸出品は砂糖、マニラ麻、[2] 煙草の三主要品目で八五％以上を占めた。

輸出向け商品作物栽培の発展は、大規模なプランテーション経営を促した。

▼1　州はアルカルディーア、町はプエブロ、村はバランガイまたはバリオとよばれた。

▼2　植物名はアバカ。一般には、商品繊維名のマニラ麻として知られる。布地だけでなく、船舶用索具の原料としても使用され、重要な戦略物資となった。

中国系メスティーソが各地で集積した土地のほか、国王領の払い下げ地や修道会所領*で数百ヘクタールあるいはそれ以上の規模で形成された。サトウキビ栽培が奨励されたネグロス島では、四〇〇以上のプランテーションが形成され、その多くが一〇〇ヘクタールを超える大規模なもので、近代的な蒸気製糖機が導入された。中部ルソン地方でも、同様のプランテーションが発達したが、ネグロス島に比べると小規模生産者が多かった。修道会所領はルソン島南部のタガログ語地方に集中した。

このような経済的発展によって富裕化した者は、子弟に高等教育を受ける機会を与え、なかにはスペインなどヨーロッパに留学させる者があらわれた。さらに、ヨーロッパの自由主義思想に触れた者のなかには、植民地支配下のフィリピンの現状に疑問をもち、改革を要求する者があらわれた。国内でも、一八六三年の教育令発布後、初等、中等、高等教育が充実し、師範学校の設置が定められた。高等教育の水準は高く、スペイン系、中国系、原住民というさまざまな学生が出身地を越えて交流した。さらに、フィリピンに亡命してきたリベラルなスペイン人との交流があり、かれらをとおしてヨーロッパの啓蒙思想、人権思想に触れる機会があった。ヨーロッパに留学した者たちが求めた改革運動に呼応できる知識人が、国内でも育っていた。この運動は、はじめ言論活動を通じた穏やかなものであったが、やがて武力によるしかないと考えるようになり、その矛先は腐敗し住民を抑圧する修道会と修道士らに向けられた。とく

修道会所領
修道会は国王からの贈与、臨終の床での遺贈、抵当流れ、不正な測量などによって土地を獲得し、大規模な土地所有者となった。小作人などに諸税、勝手気ままに値上げした法外な地代、強制労働などを課した。また、商業活動をおこない、地方で数少ないスペイン人として政治権力を振るった。このような修道会の堕落、搾取にたいして、住民の不満は一九世紀末のフィリピン革命期に爆発し、諸悪の根源とされた修道士の追放と原住民教会の設立を要求した。

フィリピン革命
スペイン人官憲や修道士の暴虐にたいして、フィリピン人エリートははじめペンと弁論をもって改革しようとした。この運動を、プロパガンダ運動とよんだ。

に重税に苦しむ農民が居住する修道会所領の多いタガログ語地方が、革命運動の中心となった。

一八九六年からの対スペイン独立運動（フィリピン革命）*は成功するかにみえながら、支援を申し出たアメリカに裏切られて挫折し、九八年のパリ条約*によってフィリピンはスペインからアメリカに譲渡された。この秘密裏におこなわれた移譲は、フィリピン人の怒りを増幅させ、翌九九年にフィリピン・アメリカ戦争（比米戦争）へと発展した。近代的装備のアメリカ軍にたいして、ゲリラ戦法の革命軍はしだいに劣勢になったが、一九〇一年の軍政から民政への移行や、その一年後のセオドア・ローズベルト大統領の「平定宣言」にもかかわらず、比米戦争は継続した。戦死者は革命軍二万以上、アメリカ軍四五〇〇、フィリピン人一般市民の犠牲者は二〇万（全人口の約三％）と推定される。北部・中部キリスト教徒地域（ルソン島、ビサヤ諸島）での戦闘は一〇年代初めまで局地的、断続的に続いた。南部イスラーム教徒地域（ミンダナオ島、スールー諸島）でも、一五年にスールー王国がアメリカの主権を協定で認めるまで、激しい戦闘が続いた。▼

フィリピン革命に介入したのは、アメリカだけではなかった。日清戦争（一八九四〜九五年）後、フィリピンでは日本にたいする関心が高まり、日本に支援を求め、独立を達成しようとする動きがあった。当時、日本は不平等条約改正問題があって、欧米諸国との友好関係を損ねることは避けなければならなかっ

フィリピン革命
その担い手は経済的に豊かになった中産・知識階級の子弟で、具体的に要求したのは、スペイン人と同等の市民権やスペイン国会への代表権の獲得といった穏健で平和的なものであった。しかし、改革運動の限界が明らかになると、マニラの都市労働者などを中心に、武力革命をめざす運動に転換していった。一八九六年にフィリピン革命は勃発し、九九年一月にフィリピン共和国が樹立されたが、二月には比米戦争が開始された。

パリ条約
一八九八年にアメリカとスペインとのあいだで起きた戦争（米西戦争）の講和条約。アメリカはフィリピン、グアム、およびプエルトリコを獲得し、キューバを保護国とした。

▼スルタンは、一九一五年のカーペンター＝キラム協定によって、宗教的指導者としての権限以外、すべての世俗権力を奪われ、事実上王国は滅亡した。

た。したがって、日本政府は表向きフィリピン革命に中立・不介入の政策をとったが、軍部は革命軍内部の日本依存気運を高める工作をおこなった。革命軍に日本人軍指導者数十人を送り込むことや武器払い下げは失敗に終わったが、▼1 フィリピンには日本を「救世主」とみる期待のイメージが残り、一九一〇年前後には、フィリピンにおいてアメリカがフィリピンを日本に譲渡するうわさが広まった。それだけ、フィリピン人の反アメリカ感情は強かった。

比米戦争中、アメリカ軍による民間人を含むフィリピン人虐殺事件が各地で起こった。経済的には農耕になくてはならない水牛を九〇％以上失い、米の収穫量は四分の一まで激減した。おさまらぬ革命軍のゲリラ活動にたいして、一九〇一年に独立あるいはアメリカからの分離を主張した者を死刑もしくは長期刑に処するという暴動教唆法、翌〇二年には山賊行為法が制定されて、革命軍の活動が違法化された。さらに、〇七年にはフィリピンを象徴する紋章を掲げることを禁じた国旗法が成立した。

このような「ムチ」にたいして、アメリカ植民地政府は「アメ」をエリート層に与え、懐柔した。比米戦争中の一九〇一年に町政府法、* 州政府法を制定し、さらに〇七年にフィリピン議会が開設され、一三年にアメリカ大統領が共和党から民主党にかわると、植民地政府の大幅なフィリピン人化と自治権の拡大がおこなわれた。そして、一六年に成立したフィリピン自治法（ジョーンズ法）で、将来の独立が謳われた。アメリカ植民地政府が、地方政府や議会制度の確立を

▼1　フィリピン革命の志士は、日本から武器を購入するために、日本に亡命中の孫文、日本人アジア主義者や軍人と接触し、成功した。一八九九年七月、老朽船布引丸に武器を載せて長崎港を出港したが、途中で沈没して、フィリピンには到着しなかった。これを布引丸事件という。

町政府法
町長は選挙で選ばれた。選挙資格は、二三歳以上の男子で、一定の財産があるか、スペイン植民地期に町役人の経験があるか、英語またはスペイン語の識字能力があるか、いずれかに該当する者に限られた。

急いだのは、エリート層の地方での社会的地位を保証し、革命勢力から離脱させて治安を回復させるためであった。さらに、スペイン人が実権を握っていた州政、国政へのフィリピン人の参加は、エリート層の社会的上昇への気運を高め、植民地政府の「協力者」にする効果があった。

アメリカは、一八九八年にフィリピンを領有する以前から、イギリスとならぶ二大輸出貿易相手国のひとつであったが、輸入貿易では数％を占めるにすぎなかった。したがって、領有後の植民地政府の貿易政策はイギリスをフィリピンから占めだし、独占することにあった。そのため一九〇九年および一三年に関税法[2]を成立させて、フィリピン・アメリカ両国間の貿易が相互に関税を免除される互恵的自由貿易体制を確立した。これによって、フィリピンの対アメリカ依存が決定的になり、フィリピンの対アメリカの全貿易額に占める割合は、一〇年代半ばの約半分から三〇年代には四分の三にまで上昇した。

この自由貿易体制によって、アメリカからフィリピンへは綿布、機械類、煙草製品、酪農製品、小麦粉など、フィリピンからアメリカへは砂糖、ココナツ製品、マニラ麻などの農業生産物、工業用原料が輸出された。このような自由貿易体制下で、輸出商品作物の生産に特化したフィリピンでは、衣類、食糧さえ輸入に頼るきわめて自律性の乏しい経済が形成された。米はフランス領インドシナやタイ、小麦粉はアメリカから輸入するようになった。そして、この極端にアメリカに依存するモノカルチャー経済の下で、輸出用農業を支配する地

▼2　一九〇九年に制定されたペイン＝オルドリッチ関税法で、フィリピン・アメリカ間の輸出入貿易で免税措置がとられた。同法では砂糖の対米輸出量の制限などがあったが、一三年のアンダーウッド＝シモンズ関税法では完全に撤廃された。

主階級が、フィリピン自治のあらゆる面で権力を発揮するようになった。

7　まとめ

これまで東南アジアの各国・地域ごとに理解されてきた状況は、つぎのようにまとめることができるだろう。欧米の宗主国は、近代植民地形成のために中央集権的な統治機構を導入しようとしたが、はじめ多くの国や地域で直接統治することができたのは主都を中心とした都市部や開発がすすんだ地域などに限られ、旧来の有力者を植民地支配に抱き込むかたちで間接統治をせざるをえなかった。そして、植民地の官吏の不足から、王族・貴族や有力者の子弟らに、近代的な教育を受ける機会を与えることなどで植民地支配に組み込み、直轄地を拡大していった。その教育は、同化政策や協同政策、倫理政策の下で、ヨーロッパの近代的教育改革とあまり時間差なく導入された。また、植民地政府がすすめた経済開発によって、輸出用商品作物産業が発展し、住民は貨幣経済に巻き込まれた。不足する労働者は、周辺地域から集めただけでなく、中国人やインド人移民を導入した。

欧米列強が東南アジアに進出する以前から、大陸部では、ビルマ、ベトナム、シャムという三つの帝国が存在して、盛衰を繰り返し、互いに侵略しあっていた。かつてはカンボジア（クメール）も帝国であったが、衰退してラオスとともにベトナムとシャムの二帝国の草刈り場になった。しかし、これは平野部やデルタを中心とした見方であって、周辺の山間部には自立した社会を形成していた多くの民族がいた。これらの山地民は、形式的な朝貢関係を築くことによって、帝国の介入を防いだ。そして、北から巨大な中華帝国がさまざまなかたちで何度も侵入し、その帝国から逃れてきた人びとや移住してきた人びとが流入してきた。したがって、大陸部にあって、ヨーロッパによる侵入、植民地化は、それほど目新しい体験ではなかったといえる。自立性を保つために反抗を繰り返しながら、近代ヨーロッパのシステムを受け入れて、自分たちなりに改良し、独立の機会を待っていた、ということができるかもしれない。事実、植民地化以前に近代化への改革は、それぞれの帝国ですでにはじまっていた。

いっぽう、海域東南アジアでは、マッカへの巡礼などを通して、イスラーム世界とのつながりが強くなった。また、王族や商品作物栽培を通して富裕化したエリートのなかには、植民地本国など欧米に留学する機会を得る者があらわれた。ヨーロッパの自由主義思想を学び、植民地支配に疑問をもつ者があらわれた。東南アジア各地で階級分化と貧富の差が拡大し、近代教育を受けたエリートは大多数の植民地支配に協力する者と少数の抵抗する者に分解しはじめた。

植民地国家の形成は、国際経済、地域経済と結びついた植民地経済の発展とパラレルに進行した。そのため、主都を中心とする中央集権的な統治機構とは別に、植民地国家やその欧米宗主国との関係の枠におさまらない影響力を人びとに及ぼすようになっていった。まず、ムラカ海峡周辺を中心とするイギリス領マラヤやオランダ領東インドで、タバコ、ゴム、サトウキビ、コーヒーなどのプランテーションや、錫鉱山が開かれることによって、植民地経済の成長を牽引する新興地域が出現した。大陸部では、ビルマ、シャム、コーチシナの大河の下流部デルタに、広大な水田が造成され、輸出向け商業的稲作地帯が形成された。生産された米は、ほかの東南アジアや東アジアなどに輸出され、国際的な戦略物資になった。これらの新興地域を世界とつないだのが、シンガポール港や香港であった。また、これら貨幣経済がすすんだ地域では、労働者不足が深刻になり、中国人やインド人だけでなく、ジャワの伝統的稲作地帯や奥地の小民族社会からの移住が増加し、植民地行政支配がしだいに浸透していった。

このようなときにヨーロッパで大戦が起こり、植民地支配にも大きな転機が訪れた。

第2章　東南アジアと第一次世界大戦

フィリピンの第一次世界大戦参戦（*The Independent,* 14 April 1917）。1917年４月６日に参戦した宗主国アメリカ合衆国への忠誠をあらわすために、フィリピンは兵士だけでなく、2000万ドルの戦時国債と50万ドルの赤十字への寄付を申し出た。

一九一四年七月二八日に第一次世界大戦が勃発したとき、東南アジア各地では植民地支配がおよんでいない地域も広範囲にあったが、主都を中心に欧米による支配もすでに二〇～三〇年におよんで統治制度ができ、輸出経済が発展していた。そして、近代教育を受けた人材も育ってきていた。ヨーロッパの宗主国が、本国での戦争に忙殺されたことは、民族意識に目ざめはじめていた一部のエリートにとって、植民地支配から脱出する絶好の機会に思えたのである。また、一般の人びとのなかにも、とくにフランス領インドシナから兵士や労働者としてヨーロッパに向かった者など、ヨーロッパなどほかの世界を直接・間接に観る機会を得る者が出て、その体験は口コミで地域社会にも、限定的であったが広まっていった。

いっぽう、新たな勢力が東南アジアに影響力を拡大しようとしていた。一九一四年八月一五日に開通したパナマ運河によって、産業の発展していたアメリカ東海岸が太平洋を経て東南アジアと結びついた。アメリカは自国領のフィリピンとだけでなく、イギリス領マラヤやオランダ領東インドなどとも貿易を拡大した。また、台湾、朝鮮を植民地にし、中国本土への侵出を図る日本が、東南アジア各地の宗主国にとっても軍事的、経済的に脅威になってきた。日本は日英同盟*を理由に一四年八月二三日にドイツに宣戦し、陸軍は中国に侵攻してドイツの根拠地であった青島を一一月七日に陥落させ、海軍はそれより早く一〇月一四日に赤道以北のドイツ領南洋諸島を占領した。さらに、一五年に中国

日英同盟
一九〇〇年の義和団事件後のロシアの満洲進出を直接の契機として、〇二年一月にロンドンで結ばれた条約に基づく日本とイギリスの同盟。〇五年に第二次同盟、一一年に第三次同盟が結ばれたが、二一年の四ヵ国（日英米仏）条約の成立で消滅した。

二十一ヵ条要求
一九一五年一月、日本が袁世凱大総統に要求あるいは勧告した案件。二五回の交渉後、五月に最後通牒を発して受諾させ、六月に相互に批准した。その後、一九年のパリ講和会議などあらゆる機会に、中国は条約の撤廃、無効を主張した。詳しくは、本シリーズ、山室信一『複合戦争と総力戦の断層』を参照。

に二十一ヵ条*の要求を突きつけて、中国での権益を拡大した。

1　シャム

第一次世界大戦が勃発すると、シャムはすばやく八月六日に中立を宣言した。一九世紀後半以降、イギリスとフランスの圧迫にあって、不平等条約を押しつけられ、周辺諸地域を失ってきたシャムにとって、ヨーロッパで起こった大戦は条約の撤廃と「失地」回復の絶好の機会であった。当時、シャムでは安くて品質の良いドイツ製品の人気が高く、またお雇い外国人のなかに鉄道技師などドイツ人が少なからずいたことから、ドイツに好意的な雰囲気があった。また、シャム軍人のなかには、ドイツで教育を受けた者がいた（図17）。いっぽう、ラーマ六世（位一九一〇～二五年）は一二歳から九年間イギリスに滞在して、陸軍士官学校やオックスフォード大学などで学んでいた。イギリス軍の実戦部隊に配属され、将校としての教育も受けていた。どちらが勝っても、戦勝国になることによって見返りを期待していたシャムは、ドイツには工作活動の拠点となることを許し、イギリスには王が古巣の連隊や慈善団体に寄付をした▼。

一七年四月六日にアメリカが参戦し、連合国側が有利になったことを確認した七月二二日、シャムはドイツ、オーストリア＝ハンガリーに宣戦布告した。その前に、世論の支持を得るために王はドイツを非難する論文を書き、新聞に

図17　ドイツのシャム人留学生（一九一〇年代初期）

▼近代君主制のイギリスでは、王制の存続のために王族の軍隊入隊、赤十字社や慈善団体への寄付・奉仕を重視した。日本の皇室やシャム（タイ）の王室もそれにならった。

反ドイツ・キャンペーンを実施させた。また、お雇い外国人のドイツ人技師に頼らなくてもいいように準備した。宣戦布告すると、ドイツ人などを逮捕、収容し、のちにインドに送った。バンコクの港に碇泊していたドイツ商船四〇隻については、自爆を防ぎ、拿捕《だほ》した。

シャムの国旗は、それまで赤地の中央に白象をあしらったものであったが、九月二八日に英米仏の国旗の色に合わせた現在の赤白紺の三色旗に改めた。それぞれ民族（国民）、宗教（仏教）、国王（ラタナコーシン朝）を象徴している。白は、建国伝説の白象をも意味する。

シャムは連合国の一員として戦場に兵を送るべく、義勇兵を募集した。一八年七月三〇日、自動車輸送部隊八五〇、飛行部隊四〇〇がマルセイユに到着した。飛行部隊は訓練中の一一月に休戦協定が結ばれたため戦場に赴くことはなかったものの、自動車輸送部隊はフランス軍とともに短い期間であったが戦場に配備された。戦後、パリ、ロンドン、ブリュッセルでの戦勝パレードに参加し、帰国したバンコクでもパレードがおこなわれ栄誉が称えられた（図18）。そして、王宮前広場の北端に第一次世界大戦記念碑が建てられ、参戦が決定された七月二二日にちなんだ七月二二日広場がつくられた（現在、チャイナタウンの七月二二日ロータリーとして知られる）。一二月には、通常切手にシャム語と英語で「勝利」と加刷された戦勝切手が発行された（図19）。

シャム義勇軍は、フランスでとりわけアメリカ軍と親密になり、その後の友

図18　パリの凱旋門前を行進するシャム義勇軍（一九一九年七月一四日）

好関係に影響を与えた。そして、戦勝国の一員として、二〇年に設立された国際連盟の原加盟国の一国となった。だが、期待された不平等条約の改正は、思うようにすすまなかった。まず、敗戦国ドイツ、オーストリア、ハンガリーとの領事裁判権の撤廃が、それぞれ一九一九年六月二八日ヴェルサイユ条約、同年九月一〇日サン・ジェルマン条約、二〇年六月四日トリアノン条約で実現した。その後、ドイツとは二八年に対等な国同士として、友好通商航海条約を締結した。アメリカ大統領ウィルソンも好意的で、二〇年一二月一六日の新条約で関税自主権を回復したが、イギリスやフランスはすぐに同意せず、関税自主権の獲得は二七年、領事裁判権の撤廃は三七年まで待たねばならなかった。

　いっぽう、輸出経済でもっとも重要になった米は、大戦中および終戦直後に、アジア域内で重要な意味をもつようになった。大戦中は、輸送船舶の不足や海外の米需要の低下によって、輸出価格が半分以下の一ピクル四バーツ台に落ち込んだが、一七年末に上昇に転じ、一八年には戦前以上の九バーツを超えるまでになった。この価格変動は、一七年のシャムの不作が原因のひとつであったが、イギリス領の米需給による混乱も影響していた。大戦中、インドはイギリスの同盟国に米を輸出し、国内の備蓄量が低下した。そこに一八年の不作が影響して、さらに低下したことから、一八年一〇月にビルマからインドに大量の米がまわされた。そのため、ビルマからイギリス領マラヤへの輸出が急減し、食糧事情が悪化してシャム米を求めた結果、価格が急騰した。米不足は深刻で、

図19　第一次世界大戦の勝利を記念して〝勝利〟と加刷した切手（内藤『タイ三都周郵記』八〇頁）

一九年にペナンで暴動が発生した。六月に一等白米の輸出価格が三四・五バーツになり、国内向けの価格も急騰して、バンコクを中心とする都市部で食糧事情が悪化した。もともとシャム政府は米貿易に不介入の政策をとっていたが、七月に輸出統制をおこなわざるをえなくなった。このようにシャム米は、アジア域内の米流通と深く関係し、その需給システムはきわめて不安定なバランスのうえに成り立っていることが明らかになった。

大戦そのものより、タイ王室を不安にさせたのは、一七年に起こったロシア二月革命でニコライ二世が退位させられ、翌一八年に幽閉中に家族とともに銃殺されたことだった。ニコライ二世と皇太子時代から友好関係があったラーマ六世は（図20）、それまで展開していた立憲主義への批判をやめ、絶対王制の将来について考えざるをえなくなった。

図20　ロシアを訪問したラーマ五世・六世とニコライ二世（一八九七年）
左から二人目がラーマ五世、右端が皇太子でのちのラーマ六世。ニコライ二世は二〇年後に退位させられ、翌年幽閉中に銃殺された。

2　フランス領インドシナ

第一次世界大戦が勃発すると、インドシナから兵士と労働者それぞれ約五万がヨーロッパに向かった。これまで、とくに英語文献で、これらの兵士や労働者は奴隷的扱いを受けたというような記述がみられたが、一九八〇年代以降の文書館調査に基づいた研究で、そのような事実はなかったことが明らかになっている。多くは義勇兵で、現役の軍人や予備役、フランス国籍の者だけでなく、

▼1　フランスは、中国から三万六七四〇、マダガスカルから五五三五、アルジェリアから七万五八六四、チュニジアから一万八五三八、モロッコから三万五〇一〇人の労働者を雇った。また、イギリスが

王族から官吏、移民労働者、農民までさまざまな人たちが従軍した。フランス内外での体験もさまざまで、西部戦線のシェマン・ド・ダームの戦いや東部戦線のバルカン半島での戦闘に参加した者もいた。労働者は戦時の経済的困窮を経験しただけでなく、労働運動に参加し、人種差別の被害者となり加害者ともなった。多くの者はフランス語を覚え、社交クラブで楽しみ、なかにはフランス人女性と交際し結婚した者もいた。

　海外から戦時中にフランスに向かったのは、インドシナからだけではなかった。開戦前からフランスは、ドイツやイギリスなどに比べ人口増加率が低く、労働者不足という問題を抱えていた。開戦すると、フランスはほかのヨーロッパからだけでなく、北アフリカ、マダガスカル、中国、インドシナなどからの労働者を募集した。[1]その結果、二二万〇六六八人を官民が雇うことになった。植民地などからの兵士は、五八万七四五〇人にのぼった。[2]

　インドシナの若者は、新聞記事や一九一五年にフランスに向かった先遣隊の故郷への手紙などに書かれた立派な教会、聳え立つ記念碑、広い舗装道路、巨大な商店街、高級住宅街などに心踊らされた。そして、なにより、経済危機による貧困や反乱などの社会不安から脱出する好機と捉えた。[3]兵士は一五年に三〇〇〇、一六年に三万六〇〇〇、一七年に九九二二、計四万八九二二人、労働者は一五年に四六三一、一六年に二万六〇九八、一七年に一万一七一九、一八年に五八〇六、一九年に七二二七、計四万八九八一人がフランスに向かった。ト

雇い、フランスで従事した非ヨーロッパ人労働者は一九万三五〇〇人で、その内訳は中国人九万六〇〇〇、インド人四万八〇〇〇、南アフリカ黒人二万一〇〇〇、エジプト人一万五〇〇〇、西インド諸島人八〇〇〇、マルタ人二五〇〇、混血南アフリカ人一一〇〇、モーリシャス人一〇〇〇、セイシャル人八〇〇、フィージー人一〇〇だった。

▼2　フランス植民地からの兵士の数は、植民地在住フランス人四〇〇〇、植民地生まれの白人三万八二一〇、北アフリカ現地人二六万九九五〇、植民地現地人二七万五二九〇であった。

▼3　北部のトンキンでは、一九〇二～一八年に毎年のように洪水に見舞われた。とくに一三～一五年が深刻で、平年の三分の一しか収穫できなかった。中部のアンナンも同様で、とくに一五～一六年は旱魃と洪水に繰り返し見舞われ、治安も悪化した。

ンキンとアンナンからだけで、八分の七を占めた。

動員は段階的におこなわれ、まずフランス軍人および予備役は一五年三月二九日、フランス生まれおよび帰化市民は七月一日、インドシナ住民予備役は一一月二二日、そしてインドシナ兵士・労働者の募集は一二月一七日にはじまった。フエのベトナム王室は一六年一月二〇日に勅令を発し、植民地軍に入隊した者に二〇〇フラン（八〇ピアストル）のボーナスを支給するとした。

兵士・労働者は、戦闘や空襲など直接戦争の犠牲になっただけではなかった。まず、フランスに向かう船で、コレラ、脚気、気管支炎、肺炎などで病死した者がいた。一六年五月から一〇月までだけでも一四〇人を記録している。また、水雷で犠牲になったのは人命だけでなく、故郷への送金や手紙も海没した。

フランスに来て、インドシナ人のフランス・フランス人を見る眼が変わった。それまでいだいていた威信も威厳も感じなくなり、故郷への手紙のなかでフランス人は臆病で、軍事技術ではドイツの一〇分の一しかないなどと書いた者がいた。それにたいし、インドシナ人は勇敢で、フランス人にかわって前線で任務についた。労働者としても評価され、工場労働者の四分の三が前線に送られたフランス人にかわって働いた。アメリカも、かれらを建築労働者として雇った。労働者には、一日、米八〇〇グラム、肉二五〇グラム、パン一〇〇グラムなどが支給されることになっていた。

かれらは働いてばかりではなかった。余暇や休日を楽しむこともできた。コーヒーショップに出入りし通りをぶらつくだけでなく、サッカーなどのスポーツに興じ、夜間の授業に出て勉強する者もいた。戦争が終わるまでに二万五〇〇〇人が教育を受ける機会を得た。マルセイユでは、午後六時になると軍服を着てインドシナ・クラブに集まった。そこでは、無料で故郷への手紙を書いてもらうことができ、ベトナム語の雑誌や新聞を読むことができた。

また、かれらはフランス人社会に入り込み、現地の女性と恋愛関係になった。フランス当局は好ましい関係ではないとして、手紙の検閲などをおこなったが、一八年までに二五〇組が正式に結婚した。さらに二三一組が同棲しており、一三二組が恋愛関係にあると報告された。南西部ジロンド県のサン・メダール・アン・ジャルには、五〇人の混血児がいたという。

フランス人による差別やほかの植民地の兵士・労働者との諍いもあった。一八年に起こったセネガル人によるベトナム人労働者の虐殺は、もっとも凄惨な事件だった。一四人が殺害され、一八人が重傷を負い、うち三人が二日以内に病院で死亡したが、罪に問われたセネガル人はたったひとりだった。ベトナム人は、フランスと外国人とのあいだで問題が起こったとき、一七年一一月の中国人とのときのように、フランス側につくことがあった。

最終的に、四万三四三〇人がフランスで軍隊に所属し、五五〇〇人がフランス外で軍務に就いた。労働者は、約四万九〇〇〇人がフランスで、二〇〇〇人がフランス外で就労した。戦後の一九年九月には一万三三七〇人（看護士七〇〇〇、事務職員三七〇、運転手六〇〇〇〇)に減少し、二〇年七月にフランス軍に残っていた四〇〇〇〇人はドイツ、中国、レバント、シリア、レバノン、モロッコ、バルカン半島に駐屯していた。労働者も、復興のために雇われ、二〇年六月一日に一万八八七九人がフランスに残っていたが、その後半年のあいだに急速に減少し、一二月には三三一人までになった。除隊、離職時に、全員に一時金二五〇フランが支給された。

結局、二九〇〇人が就労、就学、結婚を理由にフランスに残ることを許可された。その内訳は、八五〇人が学生、一〇〇人が熟練工、七二五人が船員で、残りは使用人や単純労働者として雇われた。かれらのなかには、職場に戻ってきたフランス人によって職を奪われる者もいたが、戦後インドシナから新たに移住してくる者の案内役となった。

帰国した者のなかには植民地軍に雇われた者が少数いたが、多くは市民生活に戻った。農業をしたい者には六~一〇ヘクタールの土地と水牛、農機具、種などが支給され、フランスで学んだ近代技術を使う者もいた。フランスに渡る前には未熟練労働者だった一万二〇〇〇人が帰国後工業に従事し、何千人もが役人、公共事業従事者、教師として、フランス人にかわって雇われたが、フランスで学んだ知識と技術を発揮し、同等の賃金を得られる職は限られていた。

このような帰国者のなかに、開戦前の一二年にフランスに渡り、戦争中フランス船の船員をしていたトン・ドゥク・タン(一八八八~一九八〇年)がいた。

かれは、二〇年代にサイゴンの労働運動を指導し、共産党に入党、ベトミン*に参加した。そして、四七年にベトナム民主共和国の内相に就いて以来、党・政府の要職を歴任して、六九年のホー・チ・ミンの死後、ベトナム民主共和国第二代国家主席に就任し、南北統一後の七六年にベトナム社会主義共和国初代国家主席になった。

植民地政策は、大戦を挟んで大きく変わろうとしていた。大戦前の一一年にインドシナ総督に就任したアルベール・サロー（任一九一一～一四年、一七～一九年）は、地方分権・協同主義に基づき、現地人下級官吏を採用し、伝統文化を重視した教育、衛生保健事業などの一連の改革をおこなった。大戦後半の一七年に再任され、インドシナ出身の戦没者の遺族に恩給を出したり、労働者保護法を制定したりした。退任する一九年には、フランス主権下での植民地の解放を公開で論じ、民族主義を刺激して、帰国後植民地大臣に就任した。

フランス本国でも、動きがあった。一七年にフランス人の元植民地官僚たちが中心となってインドシナの記憶協会 Le souvenir Indochinois という団体をつくり、パリ郊外に記念施設を建設した。〇六年にマルセイユで開催された博覧会の建物を使ったベトナム式の義士廟で、ベトナム人にとっての祖先崇拝や墓の重要性、共同体や国家が後継者のいない戦死者を祀る伝統を考慮して建てられた。また、カトリック教徒のために別の施設が建設された。二〇年に落成し、二二年に啓定帝《カイディン》（位一九一六～二五年）が訪れた（図21）。

ベトミン　ベトナム独立同盟の略称。一九四一年五月に、フランスおよび日本にたいする民族解放の戦いのために、各階層、党派、大衆団体に属する人民が広範に結集して設立した統一戦線組織。

戦争記念碑は、プノンペンに建てられた。二五年三月一日に除幕式がおこなわれた碑の南と北の二面には、犠牲となった五〇人のクメール人の名が刻まれた（図22）。戦争がはじまると、カンボジア王シソワット（位一九〇四～二七年）は戦時公債を引き受け、兵士や労働者募集に応じるよう説いた。フランスの士官学校を卒業していた王子（のちに王となったシソワット・モニヴォン、位一九二七～四一年）など王族数名がそれに応じ、王子のひとりが戦死した。王や王族は愛国主義を示す絶好の機会と捉えて積極的に戦争協力したのにたいして、一般民衆は無関心だった。はじめ三〇〇〇の兵士、二〇〇〇の労働者を募集したが集まらず、それぞれ二〇〇〇、五〇〇に減じ、あの手この手でようやく集めた兵士は西部戦線やバルカン半島の戦線に送られた。悲観的な予想に反して、カ

図21　パリ郊外のベトナム式義士廟（Société Franco-Indochinoise de publicité et d'édition, *Le souvenir Indochinois: Œuvre des tombes et du culte funéraire des Indochinois morts pour la France*. Paris, 1932.）

図22　プノンペンの戦争記念碑（Michel Igout, *Phnom Penh Then and Now*. Bangkok: White Lotus, 1993, p. 91）一九七五年に、共産主義者によって破壊された。

ンボジア兵は寒さと慣れない土地にもかかわらず勇敢で、数々の勲功をあげた。労働者はベトナム人らとともに、火薬工場、ゴム工場、鉄道、鋳造所、手榴弾・迫撃砲製造所、航空機工場、農場などで働いた。ほとんどの者が、初めての賃労働だった。

戦争が終わり、一九年末までに五〇〇〇人が帰国し、そのうち四分の一がヨーロッパに再び向かった。多くはかつての生活に戻ったが、安定して高給が期待できる公務員になることを望んだ。二〇年四月までにさらに二五〇〇人が帰国した。そのなかには、六人の王族が含まれていた。兵士の多くは読み書きができず、かれらの体験について書いたものをほとんど残していない。▼だが、兵士のなかにキム・ティット（一八九六～c.一九七五年）とパーチ・チューン（一八九六～一九七一年）がいた。キム・ティットは二〇年に帰国し、二四年に行政学校を卒業して、四五年まで植民地官吏として働き、五六年に首相になった。パーチ・チューンは通訳として従軍し、三六年に『ナガラ・ヴァッタ』紙を創刊、編集長に就任した。四五年日本軍支配下での独立後、経済大臣に就任、戦後逮捕されフランスに在住したが、帰国後の五一年に情報大臣に就任した。

大戦中の一六年、サイゴンで宗教結社大刀会の蜂起が起こり五一人が処刑された。この結社は一三年にも、反フランス蜂起を起こしていた。大戦前の反乱が地域性を超克できず、「陰謀」に終わったのにたいして、大戦中の反乱は植民地からの人的物的な搾取にたいする抵抗であった。いっぽう、クオンデー*は、

▼一九二三年に、カンボジアの人口は二四〇万、そのうち一八〇万は読み書きができない、と報告された。

クオンデー
一八八二～一九五一年。グエン朝初代皇帝の長男直系の子孫として、ベトナム光復会の盟主として推戴された。一九〇六年に来日したが、東遊運動の弾圧により〇九年に国外退去に処せられ、以後中国、ヨーロッパなどを経て、一五年以降日本に滞在し、五一年に日本で死去した。クオンデーとファン・ボイ・チャウについては、つぎの文献を参照。白石昌也『日本をめざしたベトナムの英雄と皇子』彩流社、二〇一二年。

大戦前にベルリンに行き、独立運動のための助力を求めていた。大戦勃発後、バンコクのドイツ＝オーストリア領事館から軍資金が流れ、ベトナム光復会*が中国国境からゲリラ的侵攻を開始した。それに呼応して、維新帝《ズイタン》*も一六年に近臣とともに蜂起を計画したが、発覚して拘禁され、廃位後インド洋のフランス領レユニオン島に流刑された。いずれも駆逐されたが、山地のゲリラの抵抗は長期化し、植民地支配の安定を妨げた。自信を得たベトナム人は、大戦末期にアメリカ大統領ウィルソンによって提唱された「民族自決」に期待して、一九年開催のパリ講和会議事務局に、出版結社の自由、ベトナム人の政治参加の要求など、八項目からなる「安南人民の要求」という請願書を提出した。提出したのは、同年に組織された安南愛国者協会の事務局長グエン・アイ・クオック*（阮愛国）、のちのホー・チ・ミンだった。請願書の内容は、植民地のベトナム人も本国のフランス人同様の権利を保障するというもので、独立を要求するものではなかった。いっぽう、クオンデーはインドシナ総督やウィルソン宛ての書簡、講和会議宛ての公開書簡で、ベトナムに即事の自由と独立を求めた。

大戦後、ベトナムは、この「民族自決」や一七年のロシア十月革命の成功に直接影響を受けただけでなく、これらに触発された中国の新たな政治運動（一九年の五四運動や共産主義・無政府主義）の影響も受けた。その結果、国際主義運動、反植民地民族運動、反封建民主化運動など、複数の要素が絡みあって、混乱することがあった。

ベトナム光復会
一九一二年に、辛亥革命の影響を受けて広州で結成された。会長にクオンデーが就任し、独立後の政体を共和制とした。救国をめざす青年たちは中国で教育・訓練を受け、何度か蜂起したが、散発的で大きな成果をあげることなく、二〇年代に活動は停滞した。

維新帝
一九〇〇～四五年、位一九〇七～一六年。グエン朝第一一代皇帝。退位させられた父の後を継いで七歳で即位した。第二次世界大戦終戦直後に復位構想があるなか、飛行機が墜落して死去した。

カンボジアでも、一六年に大規模な農民反乱が起こった。一一～一二年の不況から充分に回復していない一五年に、農産物のほか、釣り具が課税対象となり、さらに農民が嫌う強制労働が強化された。一五年から各地で起こった反乱は拡大し、参加農民三～一〇万に達した。フランス植民地支配下のカンボジアの財源は、役人の給与も公共事業もすべて、住民からの徴税のみによってまかなわれていた。反乱にたいして、一六年半ばまでに五六〇人が逮捕され、一三人に死刑判決が言い渡されたが、のちに終身刑に減刑された。植民地政府は、反乱の背後に中国人やベトナム人の秘密結社があるとみていた。カンボジアの反乱は、植民地政府にとってそれほど深刻なものではなかったが、迅速に無情に対応した。そのいっぽう、一七年一一月に行政改革をおこない、行政と司法が分離され、徴税官制度、公務員制度が確立された。大戦前にカンボジアにいたヨーロッパ人は一〇〇〇人足らずで、そのうち七〇〇人がプノンペンにいたが、戦争勃発後減少した。

ドイツは、シャムに〇二年から亡命していたカンボジア王の甥ユコントーを通して、プノンペンの王族にたいして工作活動をおこなった。また、オスマン帝国は、イスラーム教徒のチャム人*にたいして、大型船の建造のために寄付を募り、応募者にはマッカへの巡礼に無賃で乗船できると勧誘した。

大戦の影響もあって、カンボジアの農民の生活は窮乏化していった。ヨーロッパからの輸入品が船舶不足から欠乏し、穀物価格が上昇した。さらに、一七

グエン・アイ・クオック（ホー・チ・ミン）
一八九〇？～一九六九年。本名は、グエン・タッ・タイン。儒者の家に生まれ、一九一一年にフランス船の見習い船員としてフランスに渡った。二一年にフランス共産党に入党、二三年にソ連に渡った。三〇年に香港で結成したベトナム共産党の創立者で、ベトナム民主共和国初代国家主席（大統領）。ホー・チ・ミンという名は、四二年に中国で使ったものが、独立後に一般化した。二七頁の「ホー・チ・ミン」も参照。

チャム人
カンボジアやベトナム中部・南部に居住する民族で、総人口約五〇万。二～一七世紀に海洋国家として知られた林邑国、占城国（チャンパ王国）の主要民族。ムラユ系で、中央アジア・中国経由で伝わったイスラームに改宗したと考えられ、一一～一二世紀のアラビア語墓碑があり、シーア派的色彩が濃い。

年は長雨の影響のため不作で、米、トウモロコシ、胡椒など売るものがなくなった。フィリピンに輸出して利益をあげていた家畜も、一八年初めまでにほとんどだめになった。一八年はとくに不作で、一九年に米の輸出が禁止された。米による税収は、一八年に前年の半分以下になった。不作の原因は、おもに天候によるものだったが、戦時用に油脂植物や棉花の栽培を奨励したことがより事態を深刻なものにした。

ラオスでは、戦前から散発的地域的な反乱が続き、賦役の負担が増え、増税された大戦勃発後の一四年一一月、中国人主導の大規模な反乱が起こった。フランス人理事が殺害され、ベトナムにまで拡大し、一五年二月にはラオス北東部のほとんどの地域が反乱軍の手に落ちた。植民地政府は、同年一一月、フランス人一六〇と植民地軍二五〇〇をトンキンから派遣して、六週間におよぶ戦闘の末、鎮圧した。一〇年まで、ラオス全体を統治していたフランス人は、二〇〇人ほどにすぎなかった。

この反乱は、ラオスの複雑な事情を明らかにした。反乱はアヘンが専売制になって利益の多い非合法の取引ができなくなった中国人が起こしたが、ラオ人やシャム人、山地民がそれぞれの思惑で反乱に加わった。中国人同様に収入源を失った者、増税でフランスに反感をもっていた者がいた。攻撃の対象は、名目的に徴税していた役人にも向けられた。間接統治が影響してのことだった。モン(ミャオ)人*のなかにはフランス側につく者もいた。

モン人
ベトナムの高地に居住する民族のひとつ。中国南西部、ラオスなどにも居住し、中国では苗(ミャオ)とよばれる。ミャオまたはメオは蔑称で、自称モンが正式な名称。ミャンマーやタイにもモンとよばれる別の民族がおり、かつてドヴァーラヴァティー(六~一一世紀)などいくつかの国を建てた。

▼1 インド人戦死者は、三万とも七万、八万五〇〇〇ともいわれる。そのほとんどは、ヨーロッパ戦線とメソポタミア戦線での戦死だった。

3　イギリス領ビルマ

第一次世界大戦当時、ビルマはイギリス領インド帝国の一州だった。インドは、それまでの運動を踏まえて、戦後に自治権を獲得できると期待し、八〇万の戦闘員と四〇万の非戦闘員を戦場に送り出した結果、数万の犠牲者を出し、膨大な量の戦略物資、巨額の戦費を負担した。▼1

ビルマからは四六五〇（大半がインド人）の義勇兵をヨーロッパ戦線に、労働者を含む八〇〇〇をイラクに派遣した。▼2 開戦当時の現地人兵力は、三〇〇〇にも満たず、軍事警察はインド人以外はすべてカレン人であった。カチン人も軍隊に入ることを奨励されたが、それは多数派のビルマ人を押さえ込むための分割統治政策の一環であった。また、チン人を強制的にヨーロッパ戦線に送ろうとしたため、一九一七～一八年にチン人による反乱が起こった。

第一の輸出産業であった米は、輸送船の不足のために下ビルマに大打撃を与えた。不足の理由は、木材や石油などの輸送を優先したことと、ドイツの無制限潜水艦作戦*による妨害であった。その結果、籾米の価格は、戦前の一〇〇バスケット*当たり一二〇ルピーから、一五年に九七、一六年に九一、一七年に八〇～八五に低下し、一八年には一一五に持ち直した。

大戦は、民族運動に大きな影響を与えた。中央集権に基づく支配が貫徹され

▼2　ヤンゴンのタウチャンには、一九一七年に設立されたイギリス連邦戦没者墓地委員会が維持管理している連合国軍墓地がある。祀られている二万七〇〇〇の戦死者のほとんどは第二次世界大戦時のものだが、第一次世界大戦時のものも含まれている。

無制限潜水艦作戦
ドイツによる中立国の商船を含む、すべての艦船を無差別に撃沈する強硬策で、イギリスを海上封鎖して降伏させるために一九一五年二月に開始した。ドイツは所期の目的を達成できなかったばかりか、中立国の反感を買い、半年で中止した。一七年二月に再開し、はじめ大きな成果をあげたが、四月のアメリカの参戦を招き、しだいに成果も限られるようになった。

バスケット
ビルマの容量単位で、一バスケットは九ガロン（約三四リットル）。

るようになった村レベルにかわって、二〇世紀になると都市部を基盤としたナショナリズムが徐々に台頭してきた。その中心を担ったのは、一八八六年の植民地化以降に生まれ、イギリスが導入した近代教育制度のもとで育った中間層に属した人びとだった。かれらのなかには、八五年にインド本土のカルカッタ大学の分校として創設されたラングーン・カレッジ（二年制）に学んだ者もおり、さらにごく少数であったが、カルカッタ大学、イギリス本国のオックスフォード大学やケンブリッジ大学に進学した者もいた。

これらの中間層に属する人びとの多くは、イギリスによる直接統治がおこなわれた管区ビルマの都市部に住み、政治・経済的に圧倒的に有利な立場にあったイギリス人による植民地支配の発展とともに、地主、教員、公務員、弁護士、商工業経営者といった職業に就いた人びとだった。かれらは、同じ中間層を形成していたインド人や中国人移民、キリスト教徒カレン人らと、激しく競争し、自分たちの国で不満を抱くようになっていた。

かれらがナショナリズムにつながる主張を、公的な場でするようになったのは、ＹＭＢＡ（仏教青年会）の全国大会においてだった。一九〇六年に結成されたＹＭＢＡは、擁護者であった王を失って衰退する上座仏教の復興をめざした。ＹＭＣＡ（キリスト教青年会）をモデルとしたＹＭＢＡは政治とは無縁で、会員は学生、公務員、商工業経営者などが中心の英語に堪能なビルマ人で、イギリス人も少なからずいた。組織結成の六年目の一一年に、第一回全国大会が開催され、組織の整備や拡大、仏教教育の重視、仏教儀式や結婚式の簡素化、倹約・貯蓄の奨励、飲酒の撲滅などが主張された。大会では、イギリス国王の健康を祈り、インド総督やビルマ州知事への感謝を表明し、イギリス国歌を斉唱した。

はじめて政治的な提案がされたのは、一六年の第四回大会においてだった。大戦中ということもあり、植民地軍とは別に「ビルマ人の軍隊をつくるべき」という提案をおこなった。また、経済的には、「ビルマ製の布地の購入を勧めるべき」という提案をおこなった。前者は却下されたが、後者は承認された。そして、同じ年に、三度目のイギリス人などヨーロッパ人にたいする「仏教関連の敷地内において靴を脱ぐ」よう訴える運動が展開された。すでに〇一年、一二年の二度おこなわれたが、イギリス人たちは靴を脱ぐことなく、パゴダ（仏塔）や寺院に出入りしていた。この三度目は、各地のYMBA地方支部が主体的におこない、大きな広がりをみせた。

翌一七年一〇月に開催された第五回大会は、さらに政治化し、YMBAは仏教復興支援団体から政治団体に変質した。その背景には、同年四月に参戦したアメリカの大統領ウィルソンの民族自決原理と民主主義に基づく国際秩序の構築の主張があった。この国際秩序とは、ヨーロッパを中心としたものであったが、アジア各地の民族運動を刺激し、ビルマはインドの高まりの影響を受けた。管区ビルマ各地から約三〇〇人が集まった大会では、イギリス国歌の本来の歌詞である「神は……」が「ブッダは……」に変えて歌われ、ビルマの統治体制の変革推進にかんする申し入れをすべきであるとする決議がおこなわれた。▼1 このとき、インド帝国では戦争協力の見返りに、統治体制の変革が議論され、ビルマには適用が延期されようとしていた。ＹＭＢＡは、将来のビルマのインド帝国からの分離と自治領化を視野に入れた要求を、インド担当大臣に申し入れたが、結局一九年にインド本土に導入された制度は、ビルマに適用されなかった。この大会を契機として、文化団体として活動を続けるのか、それとも政治団体としての性格を強めるのか、会員間で亀裂が深まり、イギリス人会員や保守派は退会し、もはやひとつの団体として維持していくことが困難になった。

植民地政府は宗教への不干渉政策をとっていたにもかかわらず、懐柔のため大戦中につぎつぎと宗教にかかわる祝日を導入した。一五年にヒンドゥー教のディワリ祭とイスラームの犠牲祭、一六年に中国正月、一八年に仏陀の生誕などを祝い菩提樹に水をかける祭を祝日とした。これらにたいして、イギリス帝国への帰属意識を強くさせるため、大戦後に「帝国の日」が祝日に加えられた。

4　イギリス領マラヤ

現在、シンガポール、マレーシアのクアラルンプル、イポー、タイピン、ペナン島ジョージタウン、北ボルネオのコタキナバルに、第一次世界大戦の記念

▼1　一九一七年一二月にインドのカルカッタへの訪問を予定していたイギリスのインド担当大臣に要求するために、大会で決議した。

▼2　本国イギリスの戦没者記念碑（Cenotaph）は、一九二〇年一一月一一日（休戦記念日）に除幕された。慰霊だけでなく顕彰するために、「栄光ある死（The Glorious Dead）」と刻まれ、戦没者は「英霊」になった。香港にも二三年に建立された。デリーには、三一年に建立されたインド門がある。

▼3　死者は公共墓地に埋葬され、一九五七年に第二次世界大戦の戦没者の墓のあるクランジ戦没者記念墓地に移された。シンガポールの記念碑には、「戦場に斃れし英国の仲間に捧ぐ　サイゴン　コーチシナ退役軍人　一九二四年三月二一日」と書かれた小さなプレートが台座の右上にはめ込まれている。また、定礎式に一七〜一九年のフランス首相クレマンソーが出席したことが台座の左下に彫られている。

碑がある[2]（図23、図24、図25）。本国イギリスのロンドンにある記念碑にならったものである。シンガポールの記念碑は、一九二〇年一一月一五日に定礎式、二二年三月三一日に除幕式がおこなわれ、一一二四名の死者を追悼するために建立された[3]。だが、反対の面に、第二次世界大戦の死者を追悼するメッセージと年号が彫られたため、今日では第二次世界大戦の記念碑として、より知られている。クアラルンプルの記念碑には、「1914–1918」「1939–1945」「1948–1960」の三つの年号がある。二一年にクアラルンプル駅近くに建てられたものが、六六年の国家記念碑完成後、レイク・ガーデンに移築された。二六六名の戦没者名が刻まれている。一九四八～六〇年は、共産主義の脅威から非常事態が布告されていた期間である。

図23　シンガポールの戦争記念碑（著者撮影）

イギリス領マラヤで大規模な戦闘がおこなわれたわけではないが、ペナン港にドイツの軽巡洋艦エムデン号が侵入したり、シンガポールでインド兵が反乱を起こしたりしたため犠牲者が出た。香港、シンガポール在住イギリス人志願者の多くは、パレスチナでラクダ部隊を組織するなど、中東、フランス、フランドル地方で軍務に就いた。マレー連隊とともに、アデンに従軍した者もいた。

図24　クアラルンプルの戦争記念碑（著者撮影）

図25　コタキナバルの戦争記念碑除幕式（一九二三年五月八日）

一四年八月四日に中立国ベルギーにドイツ軍が侵入すると、イギリスはそれを理由に宣戦布告した。その報がシンガポールに伝わると、港に停泊中のドイツ船を拿捕し、輸出貿易を停止した。八月一〇日にはすべてのドイツ人居住者を収容し、ドイツ船の乗組員を上陸させた。中国人やインド人労働者の移民も禁止された。まもなく貿易は再開されたが、九月二一日にエムデン号がベンガル湾に出現すると事態は一変した。エムデン号は、中立国イタリアやノルウェーを含む商船を拿捕し、イギリス船を撃沈させた。シンガポールより西の航路は、まったく閉鎖された。一〇月二八日に偽装してペナンに入港したエムデン号は、ロシアの巡洋艦ゼームチュク号を魚雷で沈没させ、さらにフランスの駆逐艦ムスケ号を砲撃で沈没させた。神出鬼没のエムデン号は、一一月九日にイギリスの洋上無線基地のあったインド洋のオーストラリア領ココス諸島ディレクション島に到着し、陸戦隊約五〇名を上陸させた後、オーストラリアの軽巡洋艦シドニー号の砲撃にあい、沈没を避けるために座礁して降伏した。▼

ドイツは、オランダが中立を維持したため、その中立を利用してオランダ領東インドやシャムの領事館を基地として、工作活動を展開した。イギリス領インド、ビルマやマラヤに武器や資金を送って、反イギリス活動を活発化させようとした。イスラーム教徒は、オスマン帝国*がドイツの同盟国であったことから親ドイツ的傾向が強く、オスマン帝国のよびかけた聖戦に応えようとした者がおり、なかにはドイツ人がイスラームに改宗したと信じる者さえいた。

▼艦長ら乗組員は捕虜となったが、勇猛さに敬意を表して士官は帯剣を許された。また、陸戦隊は島脱出後、ドイツの商船に拾われ、交戦したりしながら、一九一五年五月に四二名が本国に帰還した。

オスマン帝国
一二九九～一九二二年。オスマン帝国にとって、一八世紀から一九世紀にかけて数次にわたって戦ったロシアは長年の敵であり、一八八三年以来ドイツから軍事顧問を受け入れていた。

ドイツやオスマン帝国の工作活動に、イギリスは対抗した。一四年一一月五日にマレー半島のペラ王国やスランゴル王国のスルタンなどが親オスマンを表明したのにたいして、ジョホール王国やトレンガヌ王国のスルタンなどは親イギリスを表明した。しかし、イギリスの工作活動は思うようにいかなかった。インド人やムラユ人イスラーム教徒は、オスマン帝国と戦うことを好まず、各地で反乱を企てた。イギリスは一五年一月のラングーンの反乱を未然に防いだが、二月一五日のシンガポールでの反乱を防げなかった。

大戦勃発前、シンガポールには砦を除いて、二個連隊が駐屯していた。ひとつはイギリス兵からなり、もうひとつはインド兵からなっていた。一五年二月一六日に香港に移動を命ぜられたインド連隊は、前日の一五日午後三時に突如反乱を起こした。兵営を襲って武器を奪い、捕虜を解放するためヨーロッパ人三七人、マレー人六人、中国人三人を殺害し、十数人に傷を負わせた。背景には、オスマン帝国が一四年一〇月末に交戦状態に入り、一一月二日にロシアがオスマン帝国に宣戦布告したことから、インド人イスラーム教徒兵士のあいだで厭戦気分が広がったことがあった。ドイツやオスマン帝国の工作によって、インド兵は中東に派遣され、オスマン帝国と戦うことになると信じ込まされたとも、インドの独立運動に応えたともいわれる。だが、反乱の指導を求めたエムデン号のドイツ人捕虜に拒否され、反乱は日本人義勇隊一八六名や日本海軍陸戦隊一六〇名、ほかのヨーロッパ軍の助けを借りたイギリス軍によって、翌日午後までにほぼ鎮圧され、連隊八一五名のうち六一五名が拘束され、五二名が死傷し、四七名が公開処刑された▼1（図26）。

反乱の影響は、一五年四〜八月にマレー半島のクランタン州で起こった農民反乱にあらわれた。直接の原因は、大戦の影響で主要産物のひとつであったコプラ（乾燥ココナツ）の価格が下落したことにあったが、農民はインド兵の反乱の「成功」の噂に鼓舞されて立ち上がった。また、大戦は輸出入貿易に依存していたシンガポールにとって、深刻でとりかえしのつかない影響を与えた。ヨーロッパからの商品は届かなくなり、日本、アメリカ、オーストラリアがそれらを補い、関係が深まっていった。また、シンガポールは域内の中継港としての役割も大きく、ほかの東南アジア諸国・地域の貿易にも大きな影響を与えた。

▼1　インド兵反乱の犠牲者を追悼する記念碑が、聖アンドリュー英国国教会大聖堂など数ヵ所に建てられた。

5　オランダ領東インド

第一次世界大戦中、オランダ本国が中立を維持したため、その植民地が戦闘に巻き込まれたり、軍隊を派遣したりすることはなかった。しかし、東インドはイスラーム教徒が多く、オスマン帝国がドイツの同盟国であったことから、親ドイツ反イギリス的傾向が強かった。将来、オランダの植民地支配からの解放を手助けしてくれるのではないかという期待もあった。オスマン帝国が一九一四年一一月に参戦したとき、マッカの外港ジッダには、東インドからの巡礼

図26　シンガポールのインド反乱兵の処刑

者二万八〇〇〇がいたが、多くはオランダ船で帰国した。巡礼を通じて、イスラーム教徒は密接な関係を築いており、オスマン帝国のカリフが発した聖戦宣言に反応する東インドのイスラーム教徒がおり、かれらの運動に刺激を与えた。

このような状況下で、一九一四～一六年に南スマトラ、一五～一七年に北スマトラで、理想的王国を待望する運動が起こり、旧首長層の支持を得て、廃絶させられたスルタンの復活など旧秩序の回復を求めた。[2] ジャワでも一二～一九年にイスラーム指導者による理想的王国を待望する新宗教運動が展開された。いずれもイスラーム同盟、さらにオスマン帝国のカリフの支援を期待したが、これらの運動が互いに連動することはなく、指導者が逮捕されて、二〇年ころまでに消滅した。

大戦が勃発して防備が手薄になるなか、植民地政府がもっとも警戒したのは、日本だった。〇二年以来、イギリスと同盟関係にあった日本が、大戦を機に東インドを占領するのではないかと危惧した。[3] 大戦勃発前、東インドのすくなくとも三紙が、西ジャワ南岸に日本の艦隊が出現したと報じた。事実ではなかったが、それは人びとの不安をあおった。

二〇世紀初めから設立された地方自治体の議員の大半は官吏で、その権限は限られていたが、大戦中に統治体制の改革がおこなわれた。ひとつは、学歴主義による一連の官制改革で、それまでの家柄や出身で決まる慣行から脱して、学歴が第一の基準となった。分郡長以上は、初等教育七年、原住民官吏養成学

▼2　南スマトラの運動をアバン同盟（サレカット・アバン）、北スマトラのバタック人の地域で起こった運動をパルフダムダムとよぶ。アバン同盟は、独自の呪文を唱えるイスラーム秘儀をとおして会員を増やし、一九一六年八月に二〇〇〇名が結集して、オランダ人や現地人官吏を襲撃した。パルフダムダム運動でも、呪文を唱えながら激しくからだを動かすことで、神との交信をはかる技法が、とくに若い人びとを引きつけて広まった。植民地体制下で失われつつあったバタック人の戦いにおける勇気の美徳を、「清き宗教」の秘儀をとおして復活させ、たとえ弾丸にあたっても死なないと唱えて、植民地軍と対峙した。

▼3　イギリス領マラヤでも、日本がマラヤ占領を計画していると信じていたイギリス人高官がいた。日露戦争後、欧米植民地官吏のあいだで、日本にたいする脅威が高まっていた。

校五年のオランダ語による教育を受けた学歴が必要になった。

また、「原住民に自治を教える政策」のためにエリート教育が重視され、一四年に一部の第一級小学校が改組されて、オランダ語で教育する七年制のオランダ語原住民学校になった。すでに一〇年には、三年制の標準的な中学校が開設されていた。いっぽう、大衆教育のための三年制の村落学校が〇七年に行政村に設立され、初歩的な読み書き計算を教えた（図27）。一五年には、その卒業生のための三年制の継続学校が開校した。そして、一八年五月に、東インド全体の議会の体裁をもつフォルクスラート（植民地議会）が開設され（図28）、あわせて政治活動の禁止が撤廃されたが、当初は欧亜混血《ユーラシアン》者を中心とするヨーロッパ人にオランダ本国に準じた政治的権利を与えたにすぎなかった。住民による民主的な政治参加にはほど遠いもので、教育を受ける機会を得た者はひじょうに限られていたが、国民国家形成への一歩となった。

大戦が人びとの生活にもっとも影響を与えたのは、物価の上昇と食糧不足だった。船舶不足▼などのために輸出入が思うようにできず、一四年九月に銅、鉛、ゴム、獣皮が禁制品になったのを皮切りに、つぎつぎに指定された。輸出品であった綿やコプラの価格は、急激に低下した。輸出禁止は、戦後の一九年六月になって順々に解除された。

イギリスやフランスは、オランダ経由でドイツに米、トウモロコシ、豆、キャッサバなどが輸出されないよう、これらの穀類の輸出を禁じた。東インドで

図27　スマトラ島の村落学校（一九一七年）
倫理政策の下、「読み書き計算」を各地方の言語で教えた。右に西暦、左にイスラーム暦の年月日が見える。

▼植村泰夫「第一次世界大戦期蘭領インドの船腹不足問題研究序説」『史学研究』二七二、二〇一一年、一～二九頁、参照。

も同様の処置がとられ、フランス領インドシナやイギリス領ビルマから米が入ってこなくなった。大戦勃発前には、ジャワ島と北東のマドゥラ島だけで年間二〇万トン以上の米を輸入していた。大戦勃発直後の米不足は一六年四月にサイゴンからの米の輸入が許可されたことで解消したが、一七年後半から二〇年にかけて船舶不足、シャムの参戦（一七年七月）、ビルマの輸出禁止（同一〇月）のために再び不足するようになり、ジャワへの輸送は一八年初めに完全にストップした。食糧不足対策のため、サトウキビやタバコの栽培を縮小し、トウモロコシなどへの転作が奨励された。

大戦中に水田と畑地の割合が逆転し、その後水田の割合が五〇％を超えることはなく、しだいに減少していった。増えた畑地は森林を開墾したもので、森林の減少によって山の保水力がなくなり、川の流量が極端に不安定になって、雨季には大水や洪水、乾季には渇水が発生し、水資源の確保が困難になった事例が報告されるようになった。また、サトウキビ栽培と製糖過程で大量の水を必要とし、水田耕作のために充分な水が得られない地域もあった。

いっぽう、煙草、コーヒー、茶、砂糖、ゴムなどの輸出品は高値が続き、輸出高は一三年の六・一四億ギルダーから一六年には八・五四億ギルダーに増加した。ジャワ産の砂糖は一四年の旱魃のために一五年産が不作だったが、ヨーロッパの甜菜糖の不振のために輸出が激増して、価格が上昇した。そのほかの輸出品も急騰した。しかし、一六年後半に状況は一変する。一七年二月から再

図28　フォルクスラート（植民地議会）開会式（一九一八年）

開されたドイツの無制限潜水艦作戦のために船舶が使えず、また戦争の長期化によりヨーロッパの需要が減退し、石炭不足のために工業が沈滞して売れなくなったのである。ジャワ産の砂糖は、一六年に約一五％の二四万トン、一七年に三分の一の七八万トンが滞貨した。一八年にはイギリス、インドからの受注がなくなり、価格が低下した。煙草は輸出のほとんどがオランダ向けであったため、船舶不足の影響はさらに深刻で、大量の滞貨が発生した。状況が好転したのは、砂糖の場合一八年八月ころ、煙草の場合一九年になってからだった。砂糖は、キューバの不作、ほかのアジアの天候不順、ヨーロッパ甜菜糖の回復の遅れなどで、一九年に輸出が激増し、二〇年代に最盛期を迎えた。

輸入品は、オランダ本国からのものが一四年の一・二四億ギルダーから一七年〇・四八億ギルダー、一八年〇・一一億ギルダーに激減した。かわって、日本製やアメリカ製が増えたが、当時の日本製は安かったが質が悪かった。食糧不足は、戦後すぐに改善されなかった。旱魃が長く続き、イネやトウモロコシ栽培に深刻な影響をもたらした。また、スペイン風邪*は一八年一一月にピークを迎え、一〇〇万人以上の死者を出したといわれる。

大戦は、民族運動に機会を与えた。日本に脅威を感じた植民地政府は、原住民市民兵制度の導入を検討しはじめた。ブディ・ウトモはいち早くその実現に向けた運動を展開したが、イスラーム同盟などは「代表なくして兵役なし」として、議会開設の早期実現を要求した。イスラーム同盟は一六年から年次大会

スペイン風邪

一九一八年三月にアメリカのデトロイトなどで流行しはじめ、アメリカ軍のヨーロッパ進軍とともに大西洋を渡り、五〜六月にヨーロッパで流行し、大戦の終結を早めたともいわれる。秋には世界中に広まり、当時の世界人口の推定一八〜二〇億の三分の一の六億が感染し、五〇〇〇万が死亡したといわれる。大戦中立国で情報統制のなかったため、スペインから流行が報じられるようになった。「スペイン風邪」とよばれるようになった。スペインが発生源ではない。

を国民会議と称するようになった。大戦を機に、要求の拡大に成功したインドにあやかってのことだった。そして、一九年の国民会議では、独立と社会主義を掲げた。

労働組合運動も、大戦期に活発になった。一九世紀末から教員、国鉄、郵便などの部門を中心にオランダ人や欧亜混血者の労働組合が組織され、一〇年代になると原住民が多数、参加するようになった。一四年にはオランダ人社会主義者が東インド社会民主主義同盟*を設立して運動を指導し、イスラーム同盟の運動と連動した。そして、ロシア革命に触発された者が、一七年末から兵士のソヴィエト運動を展開したが、弾圧され、オランダ人共産主義者は一八年末以降、国外に追放された。

6　アメリカ領フィリピン

本国アメリカが中立を守っている限り、その植民地であるフィリピンへの大戦の影響は限られていた。一九一五年五月イギリス客船ルシタニア号*が、アイルランド沖でドイツの無制限潜水艦作戦によって魚雷で沈没させられると、アメリカで反ドイツ感情がしだいに高まっていった。一六年に将来の独立が謳われた自治法*が成立したフィリピンでは、宗主国への忠誠を示すために派兵の準備に入った。その背景には、アメリカ植民地支配下で安定した地位と利益を期

東インド社会民主主義同盟
約六〇人の東インド在住のオランダ人らによって、中部ジャワのスマランで結成された。右派の分裂、ロシア革命の影響などで、共産主義の旗印を鮮明にし、指導権が原住民に移って、二〇年に東インド共産主義者同盟に改組した。

ルシタニア号事件
乗客・乗員一八五〇人超中、一一九八人が犠牲になった。うちアメリカ人乗客は一三九人で、一二八人が犠牲になった。ドイツの無制限潜水艦作戦は、中立国の反感から中止せざるをえなかったが、一七年二月に再開し、それをひとつの理由にアメリカが四月に参戦した。

フィリピン自治法
一般には提案者ジョーンズ議員の名前からジョーンズ法として知られる。立法権がフィリピン人にも与えられたが、行政権はアメリカ人総督が保持した。司法権も基本的にアメリカ支配下にあった。

待する、シュガーバロン（砂糖貴族）とよばれたサトウキビ農園地主など、フィリピン人エリート層の思惑があった。かれらが議会を牛耳っていた。一七年四月六日にアメリカがドイツに宣戦布告する前の三月一七日、フィリピン国防隊*創設法が議会を通過した。独立後のフィリピン国軍創設の準備の意味もあった。それまでフィリピンには、比米戦争中の一九〇一年に創設された国家警察軍*とフィリピン・スカウト*があったが、ともに「アメリカに奉仕する軍」という意味合いが濃かった。

はじめフィリピンでの準備は着実にすすみ、六月にハリソン総督（任一九一三〜二一年）は九月末までに兵士二万五〇〇〇を準備できると報告した。しかし、新兵を率いる将校が不足し、国家警察軍やスカウトから補っても、予定の半数にしかならなかった。アメリカ本国政府はフランスに派遣する兵員の不足を感じず、フィリピン人指揮下の新たな軍隊に疑問をもつようになり、アメリカ軍指揮下にあるスカウトを改組して派遣する案などが浮上した。

一八年二月から三月にかけて、ようやく募集がおこなわれた。しかし、民主党ウィルソン政権期の一三年にフィリピン総督に任命されたハリソンの下、植民地政府の大幅なフィリピン人化によって、専門技術をもつフィリピン人はそれなりの職に就くようになり、医師や獣医、技術者などの応募はすくなかった。一般隊員についても、極端に応募がすくない地方があった。たとえば、セブは二〇〇〇の割り当てにたいして、七四の応募しかなかった。応募した者も、初

フィリピン国防隊

アメリカで National Guard といえば、州兵、州兵軍をさす。各州、準州、首都ワシントンDCで編成される陸軍・空軍（海軍はない）の予備部隊およびその隊員は、国家非常のさいに大統領の命により、アメリカ合衆国軍に編入されるが、通常はそれぞれの州などに所属する。本書では「国防隊」と訳す。

国家警察軍

一九〇一年にフィリピン革命軍の鎮圧のために創設され、治安部隊の役目を担った。三五年の国軍創設とともに解体され、おもに陸軍、警察に吸収された。国軍約一万のうち、三分の二が国家警察軍出身だった。五〇年に治安悪化を理由に復活した。

めに強調された「アメリカへの忠誠」という考えはなかった。

アメリカ本国は四月二三日に国防隊の創設を認め、アメリカ軍の指導の下に訓練することになった。七月から一〇月まで訓練されたが、六割は体力的、道徳的、精神的に不適格者とみられた。結局、将校五七六人と兵士一万四二三五人が一一月一一日に訓練を終え、二〇日にアメリカ合衆国軍に編入された。将校のうち一一〇人はアメリカ人で、少佐以上のフィリピン人は一人（アメリカ陸軍士官学校卒）しかいなかった。しかし、戦闘のための装備が充分でなかっただけでなく、靴や制服さえそれぞれのからだにあったものが支給されるとは限らなかった。

そのときすでに、ドイツは一一月一一日に休戦条約に調印していたが、マニラにそのニュースが届いたのは三〇日のことだった。すぐに国防隊に残るかどうかが問われ、残った三分の一の将兵五三一七人は、一ヵ月間アメリカ政府の予算で訓練を受け、さらに二ヵ月間フィリピン政府の予算で訓練を受けて除隊した。二ヵ月間のフィリピン政府の予算は、アメリカ政府の一ヵ月の予算の半分にも満たなかった。

フィリピン国防隊は戦闘に参加したわけではなかったが、一八四人の死者を出した。そのうち一七六人が訓練中などにインフルエンザや肺炎などに罹ったために病死した。各地から集まった者はそれぞれ地方語を話し、誤解から諍いを起こすこともあった。また、暴力沙汰で死んだ者も二人いた。しかし、将来

フィリピン・スカウト
一九一三年に設置されたアメリカ陸軍フィリピン部の現地人志願兵を、フィリピン・スカウトとよんだ。約一万の兵力のうち約半数を占め、幹部がタガログ語を使い、一般兵士は出身地の言語を話した。アメリカ兵は英語を使った。

の独立が期待されるなかで、「国防」という名の下に訓練を受けたことには、それなりの意義があったといえる。[1] 除隊後、国家警察軍やアメリカ海軍に入る者が数名いたが、多くは軍隊から離れた。フィリピン政府は元国防隊隊員に勲章を授与し、かれら自身退役軍人協会を組織して毎年集った。

アメリカ経済に極端に依存するフィリピンにあって、大戦はほかの東南アジア諸国・地域に比べ、それほど大きな影響はなかった。大戦中の一四年から一八年にかけて、輸出貿易額の四〇％前後を占めたマニラ麻は、生産量で一二万トンから一六万五〇〇〇トンに増加し、輸出額で三八三九万ペソから一億一六三八万ペソの三倍に急増した。フィリピンが硬質繊維市場を独占していたマニラ麻にたいして、国際競争力の厳しい砂糖は、一四年の二一一二万ペソから一六年に三七一八万ペソに増加した後、一七年に二四五六万ペソに減少し、一八年に三一六一万ペソに再び増加するという不安定な動きをした。

輸出入貿易にかんしては、アメリカ・フィリピン間の自由貿易体制が確立していたことがあって、大戦を契機に対アメリカ貿易が飛躍的に増加し、一六年に輸出入比率はともに五〇％を超えた。ヨーロッパ諸国が貿易比率を減少させるなか、日本はアメリカ同様大戦を契機に急増し、一六年に輸入比率が一〇％を超えた。それまでマニラ麻などは、香港やシンガポール経由でアメリカやイギリスに輸出されていたが、直接輸出されるようになった。輸入についても、米はフランス領インドシナやタイから直接輸入された。このように、イギリス

▼1　しかし、この第一次世界大戦時の体験が充分にいかされなかったことは、第二次世界大戦にさいし、統率がとれた国軍が成立していなかったことが物語っている。

貿易市場圏の香港やシンガポールを経由するルートは、大戦を契機に縮小した。[▼2]フィリピンは、大戦を境にイギリス貿易市場圏からアメリカ貿易市場圏に移行していったが、それはアメリカが主導するアジア・太平洋市場圏の形成とアジア市場圏における日本の台頭と密接にかかわっていた。

7　まとめ

第一次世界大戦中、東南アジアが直接戦場になることはほとんどなかった。周辺海域にドイツ軍艦が出没し、海から砲撃を加えられることはあったが、シンガポールでインド兵の反乱が起こった以外、陸上で戦闘がおこなわれることはなかった。しかし、各地でなんらかの影響を受けた反乱が起こり、それまで植民地支配が徐々に強化されてきた流れが、逆転しはじめるきっかけになった。それは、宗主国に将兵や労働者が派遣され、ヨーロッパの実情を目の当たりにしたベトナム、カンボジアで戦後顕著にあらわれた。ベトナムは「民族自決」に期待して、一九一九年に開催されたパリ講和会議の事務局に請願書を提出した。また、ビルマはインドの民族独立運動をともに体験することになった。

植民地開発がすすみ、モノカルチャー経済が発展してきていた国や地域では、宗主国からの輸入が途絶え、また東南アジア域内の貿易が滞ったために、食糧などの生活必需品が不足する事態が起こった。とくに不作で、船舶不足などの

▼2　海上輸送にかんしても、大戦後イギリス離れが進行した。船籍別貿易額についてみると、イギリスが一三年の六三・七％から、二三年に三七・二％、さらに三三年に二七・〇％に減少し、ドイツも一三年の一〇・三％から二三年〇・九％、三三年三・五％になったのにたいして、アメリカが一三年の七・一％から二三年の四七・八％に激増した。しかし、三三年には二九・五％に減少した。増加したのは、一三年の六・八％から二三年に三・八％に減らした日本で、三三年には一八・二％を占めた。

ために米の輸入ができなかったオランダ領東インドのジャワで深刻であった。ヨーロッパ製品にかわって、日本製品、アメリカ製品などが増加した。日本製品は当時はまだ「安かろう悪かろう」で満足のいく代替品にはならなかったが、進出の足場を築いた。

独立国シャムは、一七年七月の参戦まで中立国であったため、同じく中立国のオランダ領東インドとともに、ドイツの工作活動の拠点となった。参戦後は、不平等条約の撤廃、「失地」回復をめざして、国際社会での地位が認められるよう努めた。戦勝国のひとつとなったが、すぐに思うような成果は得られなかった。

第一次世界大戦後、世界の最強国となっていくアメリカの植民地であったフィリピンでは、それまでの強い反アメリカ感情から不安定要素のあった植民地支配が、強固になるきっかけとなった。とくにエリート層は、アメリカに忠誠を示す機会ととらえ、合衆国軍の一翼を担うべく派兵の準備をすすめた。派兵前に停戦となり実現しなかったが、フィリピン国軍創設への一歩となった。

このように第一次世界大戦は、東南アジアそれぞれの国・地域にとって、大きな転換点のひとつになった。それは、国や地域によって具体的な影響はまちまちであったが、植民地支配を利用し、新たな国づくりに着手する機会を、大戦が与えたということができるだろう。本シリーズ「レクチャー　第一次世界大戦を考える」の既刊でも明らかになったように、大戦の影響がすぐにあらわれたものは、すでに戦前にその準備ができていたものであり、大戦中に芽生えたものは、その後年月を経て新たな契機を得て、成長していくことになった。東南アジアの民族運動の高まりは、たしかに第一次世界大戦をひとつの契機としたが、その後二九年の世界大恐慌、四一～四五年のアジア太平洋戦争などをさらなる契機として、国民国家の形成へと向かっていった。これらの契機のなかで、もっとも大きな契機となったものがどれであったかは、国・地域あるいは人びとによって異なっていた。

しかし、大戦が与えた直接の機会という点では、日本の「南進」のほうが大きかったかもしれない。大戦が勃発すると、日本はヨーロッパとの貿易が途絶した東南アジア市場に雑貨、繊維をはじめとする軽工業製品を大量に浸透させただけでなく、日英同盟を名目として参戦し、ドイツ領南洋群島を占領して、事実上の植民地とした。この南洋群島と台湾を基地として、大々的に進出・発展しようという構想が生まれた。大戦直後の一九年二月に改訂発行された第三期国定教科書に、「東南アジヤ」と記された節では、日本の「市場」「原料資源供給地」として東南アジアが描かれた。実際に、その後急速に輸出入貿易が伸展し、一四年から二五年までに輸出額は八倍以上の一億七一五九万円、輸入額はほぼ四倍の二億二九五一万円に達した。輸出は、とくに東インド、フィリピン、海峡植民地で増大した。輸入は、砂糖、石油、マニラ麻、ゴム、錫などの工業用原料が主体で、マラヤのゴム栽培、フィリピンのアバカ（マニラ麻）栽培への投資がさかんにおこなわれた。在留日本人人口も、一三年の一万一八四五から一九年の二万二八八九に倍増した。

しかし、日本の経済進出は海域部に偏っており、在留日本人人口も大陸部は東南アジア全体の一割にも満たなかった。最大の理由は、イギリス領とオランダ領では自由貿易を原則としていたのにたいして、大陸部ではさまざまな制限があったためだった。インドシナでは、日本人の経済活動にたいする排他的政策と高関税があった。シャムでは、経済の支柱である稲作がタイ人のために保護され、外国貿易や主要生産物のチーク材、錫、ゴムの生産がイギリス人と中国人に支配されていた。ビルマでは、国内経済はイギリス人とインド人に支配され、輸出入貿易はインドをはじめイギリス帝国内でのものが八〇%以上を占めていた。

第3章 戦後の民族運動と国民国家の形成

インドネシア共産党幹部（1925年）。垂れ幕は、アルファベット、漢字、アラビア文字で書かれている。中国語では、「亜州印度共産党」となっている。

第一次世界大戦のおもな戦場はヨーロッパであったため、東南アジアに植民地をもっていたイギリス、フランス、オランダは、戦後、戦前のようにその支配を維持・強化する力はなかった。逆に、戦場とならなかったアメリカと日本が東南アジアで存在感を増していった。西欧帝国主義諸国は、これらの新興帝国が勢力を拡大しないように現状維持を唱え、植民地にはとくに現地のエリート層との宥和をはかって、支配を維持しようとした。また、イスラーム教徒は、敗戦国オスマン帝国が一九二二年に崩壊して中心となる国家を失い、東南アジアでの影響力も低下した。そのようななかで、東南アジアにも浸透してきたのが共産主義であった。

ロシアでは、大戦中の一七年の二月革命、十月革命を経て、ソヴィエト*政権が誕生した。共産主義運動は、ロシア一国やヨーロッパ世界に留まらなかった。ロシアの社会主義を確固たるものにするために世界革命が期待され、一九年三月にモスクワでコミンテルン（共産主義インターナショナル、第三インターナショナル）が結成され、世界各地に飛び火した。二〇年代には「一国社会主義論」にとってかわられたが、「理想」として世界革命思想は残り、東南アジアでは各地の民族運動と結びついていった。

二〇年の事実上の東インド共産党の結成を皮切りに、東南アジアでは二五年に南洋共産党（三〇年に改編してマラヤ共産党）、三〇年にインドシナ共産党、シャム共産党、フィリピン共産党があいついで結成された。しかし、各国・地域

ソヴィエト
ロシア語で「会議」を意味する。一九一七年二月革命で首都に労働者・兵士代表ソヴィエトが生まれ、全国に拡大して、十月革命で全権力を握って国家機関となった。二二年に四ヵ国でソヴィエト社会主義共和国連邦（略称ソ連）を結成し、四〇年に一五共和国が連合してもっとも拡大した。九一年に解体した。

で、共産党結成に至る過程はさまざまであった。東インドのように宗主国の共産主義者の影響で結成された場合もあれば、インドシナやフィリピンのようにコミンテルンの影響力が大きかった場合もあった。また、マラヤは中国共産党、＊シャムはインドシナ共産党の関与によってそれぞれ結成された。

そのいっぽうで、東インド、インドシナ、フィリピン、マラヤなどから現地でリクルートされた活動家が、留学生としてモスクワの各国共産党の幹部養成機関に送り込まれ、モスクワとそれぞれの地域とのあいだにネットワークを形成していった。機関創設一〇年後の三一年までに、東インドから八名、インドシナ一七名、フィリピン四名が正規課程を修了し、シャムからも三四年に初めて五名を受け入れることになっていた。これらの修了生は、国・地域を越えて活動し、かれらに中国共産党が絡んだ。

これまでの民族運動に、新たに共産主義・社会主義の影響が加わったことで、より世界的、イデオロギー的要素を帯びて、反帝国主義、反植民地主義の武装闘争が展開されることになった。

中国共産党
一九二一年にコミンテルンの指導を得て結成。はじめ労働運動・農民運動に力を入れたが、二七年の国共分裂を契機に武力闘争に転じた。三〇年代からインドシナ、マラヤ、シャムで影響力を増した。抗日戦争、国共内戦を経て、四九年に中華人民共和国を樹立した。

1　シャム（タイ）

第一次世界大戦中のロシア革命によって王制が廃止されたことに危機感を感じたラーマ六世であったが、その後も乱費により国家財政を圧迫し、無能な取り巻きを取り立てて王室の権威を失墜させていた。一九二五年に病死し、嗣子がいなかったために、弟が即位してラーマ七世（位一九二五〜三五年）となると、六世王時代に大幅に増加した留学経験者などが絶対王制に不満を抱き、二〇年代につぎつぎに発刊した新聞で体制批判をするようになった。

国王は君主の所有する財貨の運用を担う内帑《ないど》局を擁しており、国内最大の資本家であり地主でもあった。内帑金は、一八九〇年の法律で国家予算の一五％と決められた。実際には、それを下回ることが多かったが、財政が悪化する一九二〇年代半ばまで一〇％を下回ることはなかった。内帑金は、国を代表する民間企業である銀行、鉄道、電力、海運などの株式に投資され、また不動産取得に使われ、王室は市街の一等地を所有した。

七世王は即位二日後、五人の王族を最高顧問に任命して、王族総出で財政再建に取り組む姿勢を示し、絶対王制批判にたいして二七年に「シャムのデモクラシー」を執筆して、早期の議会開設を否定した。その理由は、選挙を実施しても国会は金持ちの中国系商人▼によって占められるだけで、人民の利益にはならないというものだった。しかしいっぽうで、いずれ議会政治が到来することは避けられないとして、地方レベルから準備をする必要があるとも述べた。しかし、これによっても体制批判派をおさえることはできず、二九年にアメリカにはじまった世界大恐慌がシャムに波及すると、批判派が急進化していった。

二〇年代に米輸出は、第二次世界大戦前の最盛期を迎えた。海外需要の堅調

▼タイ史上最初の王朝であるスコータイ王朝（一三世紀初〜一五世紀中期）時代に、すでに中国から商人や陶工が移住してきており、一六世紀初めには王都アユタヤに中国人街が存在し、徴税請負人や地方豪族になって王宮の貴族になる者もあらわれた。ラーマ一世は潮州系の血統をもつと称して清に朝貢し、五世まで歴代の王は中国人女性を妻妾に迎えて、中国系指導者層との姻戚関係を深めた。一八五五年のボウリング条約以降、中国系商人は米輸出業の買弁人となり、精米、製材、金融、保険、海運、貿易業を開拓し、一九〇八年に泰（タイ）国中華総商会を設立して経済を支配した。国政にも強い影響力をもつようになり、王朝にとってかれらの排除が課題となった。

さと、国内の鉄道網の拡大が生産と輸出の拡大を支えた。鉄道沿線に精米所がつくられ、地方で精米した米がバンコクに輸送された。その結果、余剰地域から不足地域への輸送が可能になり、米需給の不安定さを解消し、国内の価格の平準化がすすめられた。そして、新たに地方の精米所とバンコクの輸出商社や精米所との米取引を担う中国系の米商人層を生み出し、さらに中国系商人が経済的に力をもつようになった。

輸出入貿易では、一三年に輸出で三八・七%を占めたイギリス領マラヤが二六年に四五・三%に増加した。香港は三二・二%から一九・〇%に減少し、中国は〇・三%から八・八%、日本は〇・五%から七・三%にそれぞれ増加した。輸入では、逆にイギリス領マラヤが一七・一%から一三・九%に減少し、香港が一六・〇%から二二・七%に増加した。イギリス本国は、二一・六%から一四・二%に減少した。中国、インドともに一〇%前後で大きな変化はなかった。シャムは、近隣のアジア諸国・地域との経済的つながりが強くなったことがうかがえる（表1）。

しかし、世界大恐慌の影響を受けて、翌三〇年に米輸出価格が急落し、三〇年代の平均は一ピクル三・五バーツになり、一九世紀末の水準に戻った。輸出量は戦前の最高水準に達したが、輸出額は二〇年代の六割に落ち込んだ。この輸出経済の危機と国内経済の混乱のなかで、三二年に立憲革命が起き、人民党*が実権を握った。

人民党
その中心は、司法省官費留学生のプリーディー・パノムヨン（一九〇〇～八三年）と陸軍官費留学生のプレーク・ピブーンソンクラーム（一八九七～一九六四年）であった。二人はタイ近代史の二大政治家といわれ、生涯を通じて対決し続けた政敵でもあった。前者は文官派、後者は武官派を代表し、二五年間人民党政権を支えた。

表1　第一次世界大戦後の貿易相手先（上位5ヵ国）の変化　（%）

	輸出入	年	1	2	3	4	5
蘭印	輸出	1913	オランダ 28.1	英領マラヤ 21.0	インド 14.5	日本 5.8	香港 5.6
		1920	オランダ 15.9	英領マラヤ 13.7	アメリカ 13.4	インド 9.7	日本 6.3
	輸入	1913	オランダ 33.3	英領マラヤ 18.7	イギリス 17.5	ドイツ 6.6	インド 5.2
		1920	オランダ 23.6	イギリス 18.5	英領マラヤ 12.7	日本 12.3	ドイツ 3.3
英領マラヤ	輸出	1913	イギリス 28.8	蘭印 16.6	アメリカ 14.2	インド 7.9	ドイツ 5.7
		1927	アメリカ 44.0	イギリス 14.9	蘭印 9.5	オランダ 3.9	日本 3.6
	輸入	1913	蘭印 19.2	インド 14.9	イギリス 14.5	シャム 12.8	香港 11.6
		1927	蘭印 36.7	イギリス 13.4	シャム 11.4	インド 8.2	香港 3.6
米領フィリピン	輸出	1913	アメリカ 36.8	イギリス 16.9	日本 7.1	香港 5.7	スペイン 4.5
		1927	アメリカ 74.6	イギリス 5.5	日本 5.0	スペイン 3.7	ドイツ 2.0
	輸入	1913	アメリカ 46.5	イギリス 10.0	オーストラリア 5.0	日本 4.9	ドイツ 4.9
		1927	アメリカ 61.7	日本 9.6	中国 6.4	イギリス 4.5	ドイツ 3.1
仏印	輸出	1913	香港 32.7	フランス 26.3	シンガポール 11.1	蘭印 7.0	日本 6.1
		1926	中国 29.2	フランス 21.4	香港 17.8	日本 9.4	シンガポール 7.7
	輸入	1913	フランス 30.1	香港 19.4	シンガポール 6.2	中国 5.9	イギリス 1.2
		1926	フランス 48.5	香港 13.8	中国 11.1	シンガポール 4.3	蘭印 3.9
シャム	輸出	1913	英領マラヤ 38.7	香港 32.2	オランダ 7.2	ドイツ 6.4	イギリス 5.0
		1926	英領マラヤ 45.3	香港 19.0	中国 8.8	日本 7.3	蘭印 3.7
	輸入	1913	イギリス 21.6	英領マラヤ 17.1	香港 16.0	インド 10.3	中国 9.7
		1926	香港 22.7	イギリス 14.2	英領マラヤ 13.9	中国 10.2	インド 9.7

註：英領マラヤには海峡植民地を、インドにはビルマを含む。一部表記を改変した。
（加納啓良「国際貿易から見た二〇世紀の東南アジア植民地経済」『歴史評論』539、1995年3月、47頁、表2と若干違うものがある。蘭印輸入1920年の3位にアメリカ14.6%が入る）

人民党は、二七年二月にパリで、七名の青年によって結成された。人民党員は帰国して、少人数によるクーデタという方法を採用し、バンコクの軍事力を握る上級軍人を仲間に加えた。三二年六月二四日に決起し、有力王族を人質にとって、ラーマ七世に立憲君主になるよう要求した。王は、同一民族間での流血、人質王族の安否、外国の干渉の危険性などを考慮して、要求に応じた。二八日には、憲法に基づく人民代表議会（国会）が開会し、立憲革命は無血で成功した。以後、立憲君主制の下で、国民主権と君主主権がせめぎあい、今日にいたっている。なお、三九年に国名をタイに改めた。▼

しかし、そのいっぽうの主役になるはずの国民は、なかなか育たなかった。その理由のひとつは、裾野の狭い学校教育制度の結果、官僚の出身地や出身階級に偏りがあったためであった。一八八〇年代に初等教育から分離した中等教育は、一九一三年に前期三年、中期三年、後期二年の八年制になったが、三二年以前に中等教育をおこなった学校は一八校で、このうち首都以外にあるものは四校にすぎなかった。二九年に総人口の八％を占めたにすぎない首都に、学校の二八％、教員の四九％、生徒の五〇％が集中した。士官学校、行政官学校、師範学校、法律学校などの高等教育機関も首都に集中した。そして、中等教育以上の修了者が少なかったことから、官庁への入省は困難でなく、官僚の出身地は教育環境の整った首都に集中し、しかも地位が高くなるほどその割合が高くなった。教育制度の整備がすすまなかった原因のひとつは、王族や政府高官

▼一九三九年までシャムが国際的に国名として通用していたが、新国家建設を掲げて「タイ」という新国名が採用された。国名、民族名として自称である「タイ」のほうがふさわしいと説明されたが、国境外に居住するタイ系諸民族の盟主たろうとした政治的意図があったとされる。

が留学に熱心で、一〇歳前後の中等教育からイギリスはじめ海外で子弟の教育をおこなっていたことによる（図29）。このような地域の偏りの結果、国政選挙や国会討論などを通して国民意識が醸成されていくことがなかった。したがって、人民党は支配の正当化のために、国民の実体化に乗りだし、国民文化の新たな創造を通じて民衆を同質化しようとした。

いっぽう、在シャム華僑、ベトナム人を中心に三〇年に結成されたシャム共産党は、コミンテルンの方針に基づいて活発な宣伝活動をおこなった。世界革命の一環として、帝国主義とその手先であるシャムの封建勢力・買弁勢力を打倒し、無産階級のシャム・ソヴィエト政府を樹立することを目標とした。シャム共産党は、人民党の立憲革命を支持せず、欺瞞であると批判した。

人民党は武官派と文官派で対立し、三八年に武官派、四四年に文官派、四七年に武官派がそれぞれ政権を握ったが、しだいに軍などの支持を失い基盤が弱くなっていった。五七年のクーデタによって立憲民主主義は否定され、王室から支持を得た軍事政権が樹立され、親アメリカ政権下で経済開発がおしすすめられた。七三年、民主化を求める学生のデモを発端とする「学生革命」*によって、いったん軍事政権が倒れ、民主政治の時代を迎え、経済成長を支えた実業家が政党政治を担うようになった。しかし、インドシナでの共産主義勢力の勝利の影響を受けて、タイ共産党*がとくに農村部で勢力を拡大し、それに危機感を抱いた軍が七六年にクーデタを起こした。が、逆に共産主義勢力は伸張した。

図29　ロンドン訪問中のラーマ五世と留学中の王子たち（一八九七年）　右端のラーマ五世には、すくなくとも七七人の子どもがいた。左から七人目が、のちのラーマ六世。

七九年に代議政治が再開され、八〇年代は軍、王室、政党のバランスのなかで、共産主義勢力の壊滅、経済再建・発展がはかられた。その後も、このバランスが崩れると軍がクーデタを起こした。九二年以後、選挙で勝利した政党を中心に首相が選出される慣行が定着し、民主政治は否定しがたいものになったかにみえたが、二〇〇六年にクーデタが起こり、国家を二分する対立が続いている。

2　フランス領インドシナ

第一次世界大戦後、宗主国フランスの国力は低下し、植民地にたいする威信も低下したが、経済的にはインドシナにたいする影響力を増していった。大戦後のヨーロッパにおけるインフレーションはすさまじく、フランスの財政が悪化して、資本の海外逃避が起こった。また、大戦前までフランスの海外投資の二三％を占めていたロシアの市場が崩壊した。そのため、インドシナへの投資が急増し、ゴムのプランテーションや各種鉱工業に向けられたのである。フランス人や中国系商人の活動が活発になり、鉱工業の発展にともなって下請的な手工業も発展した。

輸出入貿易をみると、フランスは輸出で一九一三年の二六・三％から二六年に二一・四％に減少したものの、輸入で三〇・一％から四八・五％に増加した。輸出で香港が三二・七％から一七・八％に減少したのにたいして、中国が六・

学生革命
一九七三年一〇月に長期軍事政権が崩壊した事件を、一般に「学生革命」とよぶ。憲法制定を請願する市民運動が事件の発端で、逮捕者の釈放を求めたデモ隊を武力で制圧しようとしたために多数の死者を出す大惨事になった。結局、国王が介入し、首相らを国外追放にして混乱を収拾した。政権崩壊のおもな原因が学生運動にあったかどうか疑問が残るが、広範囲な一般市民が参加したタイ史上最初の事件で、政治的・社会的影響は極めて大きかった。その後、大衆的政治運動が一般化して、今日にいたっている。

タイ共産党
一九四二年一二月一日に正式に成立。タイ国内では五二年以降非合法政党。八二年以降弱体化したが、九二年以降の民主化によって元党員のなかには国政に参加した者もいる。

〇％から二九・二％に増加した。輸入でも、香港が一九・四％から一三・八％に減少し、中国が五・九％から一一・一％に増加した。シンガポールは輸出入ともに減少しており、イギリス勢力が後退したことがわかる（表1）。

植民地開発にたいして、植民地政府はフランス文化の教育導入をはかり、伝統的価値観から切り離して、植民地体制に組み込む人材を養成していった。一七年の教育令によって、約八〇〇年続いた科挙制度が廃止され、フランス式の学校制度が導入され、インドシナ大学が創設された。二四年には、初等教育にローマ字化したベトナム語を導入した。また、雑誌や新聞を通して、漢文にかわってフランス語とベトナム語を読み書きする親フランス知識人を育てていった。すでに一三年に創刊されたベトナム語による最初の本格的雑誌『インドシナ雑誌』に続いて、一七年には『南風雑誌』が創刊され、ベトナム語を道具として東亜文明とフランス文明が融合した新しいベトナム文化の創造が唱えられた。しかし、それは同時に、植民地支配に疑問をもつ、欧化した知識人層が成長することを意味していた。それに、中国の改革運動と国際共産主義運動が絡んでいった。

二三年、米輸出で莫大な利益をあげる中国系商人にたいして、フランス人輸出業者はコーチシナ政庁にサイゴン港の二〇年間独占を要求した。しかし、中国系資本家と連携したベトナム人中間層が反対のデモや集会を展開し、要求を実現させなかった。▼このように経済的利害で植民地政府に反発した南部にたい

▼これらの人びとは、第二次世界大戦後の一九四六～四九年に、フランスの傀儡政権であるコーチシナ共和国の中心となった。この共和国は、四九年成立のベトナム国に併合された。

三民主義
一九〇五年に孫文が提唱した中国革命の基本方針で、民族、民権、民生の三主義からなり、中国国民党の指導理念となった。その後、五四運動の新三民主義など、何度か改訂され、晩年に理論的に完成した。

して、北部・中部ではベトナム人下級官吏と教員・学生などの知識人が、政治的支配に反発して運動を展開した。二七年、三民主義*の影響を受け、綱領に民族革命と社会革命を掲げたベトナム国民党*が結成された。三〇年に蜂起したが、指導者が処刑され、中国へ逃れた者は四五年に中国国民党*とともに帰国した。

いっぽう、二〇年代の好況は、多数の商工業、鉱山労働者を生み出した。労働組合が結成され、二五年には上海の反帝ゼネストに呼応してストライキをおこなった。この生まれたばかりの労働運動は、国際共産主義運動に巻き込まれ、世界戦略と地域性とのはざまで、数年間混乱した。まず、植民地支配からの独立を求めてフランス共産党*に入党したグエン・アイ・クオックを中心に展開した。二四年暮れにかれは広州に移り、翌年六月共産党幹部養成を目的にベトナム青年革命同志会を広州で結成し、綱領で人頭税の廃止、地代の軽減などの経済的要求と、ストライキ権の獲得、政治犯の恩赦など民主的諸権利を要求した。しかし、二九年に開催された第一回全国大会で北部代表が離脱してインドシナ共産党を結成し、残りの南部を中心にした者はアンナン共産党を、また別のグループはインドシナ共産主義連盟を結成して、三つに分裂した。これにたいして、コミンテルンはシャムでベトナム人の組織化にあたっていたグエン・アイ・クオックに指示して、三〇年に香港で三党を合同させてベトナム共産党を結成させた。ところが、これはかれの逸脱行為として批判され、同年一〇月にインドシナ共産党が成立し、三一年四月にコミンテルンの正式な支部となった。

ベトナム国民党
第二次世界大戦後の一九四五年九月二日に独立宣言したベトナム民主共和国の主導権争いのなかで、四八年に親フランス諸派とともに、南部で「ベトナム国」を樹立した。

中国国民党
一九一九年に孫文の指導の下にあった中国革命党を改組、改称して結成した。二四年の国共合作以降、共産党との関係は対立、合作、対立と変化し、四五年に抗日戦争に勝利したものの、その後共産党との内戦に敗れ、四九年に台湾に撤退し、蔣介石の下で一党独裁を確立した。

フランス共産党
一九二〇年に社会党からわかれて成立した。ファシズムに対抗して結成した左翼の連合である人民戦線が選挙で勝利し、三六年に人民戦線内閣が成立したが、不況を克服できず、一年あまりで退陣した。占領下のレジスタンス運動で勢力を拡大し、戦後最大の政党となったが、八〇年代にしだいに衰退した。

この混乱の時期に、二九年に起こった世界大恐慌の余波を受けて、ベトナム各地で共産党の影響の下、労働条件の改善を要求するストライキやデモが頻発した。また、農村でソヴィエトが設立され、「すべての知識人・金持ち・地主および文紳を根絶せよ」というスローガンを掲げた。この戦術によって、これまで中核であった人びとと反乱農民が対立し、村落は分裂した。結局、植民地政府による武力鎮圧によって、幹部の大部分が逮捕され、共産党は壊滅状態になった。このようにベトナムの共産主義運動は、その活動がインドシナ内におさまりきらない広域であるいっぽうで、ベトナムのなかでも地域的に分裂し、階級協調路線も否定された。しかし、大恐慌後の経済的危機とファシズム勢力の勃興が、転機をもたらした。

大戦後の大量の投資による植民地開発によって、世界市場と直接結びついたインドシナ経済は、ナショナリズムをともなわなかったために、世界大恐慌の影響をまともに受けた。インドシナ輸出経済の中心であったサイゴン米の価格が三分の一以下になったのをはじめ、ゴムも四割にまで落ち込んだ。労働者の賃金は三分の二ほどになり、失業者が溢れた。二〇年代の好況時に貨幣経済が浸透しただけに、現金収入の枯渇は農村社会を直撃した。

そのようななか、インドシナ共産党の活動が再開され、三五年に第一回大会をマカオで開催し、組織を再建した。また、本国フランスで、三六年に人民戦線*内閣が成立した。これまでのスローガンであるフランス帝国主義打倒、地主

人民戦線
一九三四～三六年ころに、ファシズム勢力に対抗して結成された左翼連合。各国共産党がブルジョワ民主政打倒の下に、社会民主主義諸党、左翼中産階級諸党と提携した。三六年にフランス、スペインで人民戦線内閣が成立し、中国では抗日民族統一戦線を結成した。四一年、ベトミンはさらに広範な人びとを結集して設立された。

の土地分配要求を撤回して、植民地議会の設置など人民戦線が受け入れやすい路線に転換した。そして、三八年に共産党を含む広範な組織をまとめたインドシナ民主統一戦線が結成された。しかし、三八年四月にフランスの人民戦線内閣が崩壊し、三九年九月に第二次世界大戦がはじまった。

三〇年の創設以来、インドシナ共産党は、インドシナ三国のそれぞれの独立か、一体の独立かの難題を抱えながら運動を展開したが、ベトナムの統一については四〇年九月の日本軍進駐後、統一戦線組織ベトミンを結成するなど、進展がみられた。五一年に三国の共産党に分離し、その後ベトミンは抗フランス、抗アメリカの中心となった。四六年に独立をめぐって開始されたフランスとの第一次インドシナ戦争は、五四年のジュネーヴ協定*によって終結したが、ベトナムは南北に分断された。南北統一をめざすベトミンと南ベトナムの親アメリカ政権を維持しようとする勢力とのあいだの戦争（ベトナム戦争）は、七五年の南ベトナム政権の崩壊まで続き、翌七六年に南北を統一したベトナム社会主義共和国が成立した。

第一次世界大戦後、カンボジアもベトナム同様、経済的繁栄をむかえた。米の輸出が急増し、ゴムのプランテーションが大規模に切り開かれ、棉花、タバコ、サトウキビなどの換金作物が植えられた。道路や港が整備され、都市の衛生環境もよくなった。このインフラ整備をともなう開発のためには、中央集権

ジュネーヴ協定
第一次インドシナ戦争の終結を決めた国際会議で、ディエンビエンフーの陥落直後の五四年五月八日に開会した。ベトナム、ラオス、カンボジアにおける敵対行為停止にかんする三協定が調印された。その結果、ベトナムは北緯一七度線を軍事境界線として、南北に分断された。

的な行政制度の構築が必要だったが、多くの村落の指導者は読み書きができなかった。そのため、二〇年に主都プノンペンに行政学校が開校されたりした。

休戦直後は、生活必需品の不足、物価高騰、不作で困難な生活を余儀なくさせられたが、二〇年に米の作況が回復すると、バンコク、マニラ、シンガポールへの輸出を再開した。翌二一年に、植民地政府は「歴史的豊作」と報告した。フランスからの豊富な資金が流れ込んで、二〇年代に開発ブームが到来した。しかし、いっぽうで地域によっては、二二年は天候不順、洪水、病虫害などによる凶作で、農村からサイゴンなど都市への流民化がおこった。さらに二四年には家畜の伝染病が流行り、アメリカ領フィリピンはカンボジアからの輸入を禁止した。

カンボジア全体でみれば、二四年は輸出入貿易が飛躍的に増大した年だった。輸入は前年の一万九〇〇〇トンから七万トンに増加し、輸出も米一一万七〇〇〇トン、木材八万トン、塩干魚二万六〇〇〇トンに達した。商工業も発展し、二六年にはプノンペンに商業会議所が設立された。しかし、工業を担ったのは、おもにベトナム人だった。投資も、アジア人以外では九五％、フランスによるものだった。労働者は、ゴムのプランテーションの過酷な労働に、貧困に喘ぐトンキンやアンナンなどの農民が契約で雇われた。その数は二五年に八〇〇〇、二六年に二〇〇〇、二七年に二二〇〇にのぼった。フランス人経営のプランテーションだけで、年間一万四〇〇〇の労働者が必要であると試算された。

労働者として移住してきたのは、ベトナム人だけではなかった。プノンペンの中国人人口は、一六年の二万一〇〇〇から二五年には三万一五〇〇に増加した。二一年には、プノンペンで石工や大工が、賃金値上げを要求してストライキを起こした。かれらは、その二ヵ月前に結成された秘密結社に属していた。

このようにカンボジアの植民地開発は、おもにフランス人、ベトナム人、中国人によって担われたが、カンボジア人のなかにも土地の提供や整地作業で現金を手にする者がいた。そのようななかで、大戦に通訳として従軍したパーチ・チューンが三六年に創刊した『ナガラ・ヴァッタ』紙は、特筆に値する。検閲が厳しいなか、中国系商人による経済支配とベトナム人による下級官吏のポスト独占を批判し、カンボジア人の覚醒を訴えた記事をしばしば掲載した。四二年にプノンペンで勃発した反フランス運動でも、同紙はデモ参加をよびかけ、編集長のパーチ・チューンは逮捕された。同紙は、カンボジアにおけるナショナリズムの先導役となった。

四五年三月に、国王シハヌーク*が独立宣言を発表したが、フランスの復帰で無効となり、内政自治などが認められたにすぎなかった。五二年、国王は合法クーデタを断行し、翌五三年にカンボジア王国として独立した。中立政策と王制社会主義の下、国家建設をすすめたが、ベトナム戦争の激化にともない、七〇年から内戦がはじまった。七五年にベトナム戦争が終結し、翌七六年に民主カンプチア（民主カンボジア）が発足したが、ベトナムに加えてソ連や中国が絡

シハヌーク
一九二二年〜　。カンボジアの二大王家、ノロドム家とシソワット家の血筋を引く。一九四一年に国王に即位。四五年三月日本軍の仏印処理の結果、独立を宣言。七〇年外遊中に国会の議決で国家元首を解任され、中国に亡命。九三年王制復帰により再び国王となり、七〇年の解任の国会議決を無効と宣言した。二〇〇四年に息子に王位を譲る。

み、内戦が泥沼化し、ようやく九一年に和平協定が成立した。▼

ラオスでは、第一次世界大戦休戦時にモン人が反乱を起こしていた。一八年にディエンビエンフー*で起こった反乱は、翌一九年に指導者がラオスに入り、北東部各地に拡大した。攻撃の矛先は、フランス人だけでなく、直接徴税をしていたタイ人などの役人にも向けられた。これらの徴税人は、フランスが課した税金に加えて首長に納める伝統的な貢納を強要したため、公定基準の三倍を住民に求めた。一九年九月から二〇年四月にかけて、フランス軍は大規模な鎮圧をおこない、二一年三月までに反乱はおおかた終息した。その結果、フランスが直轄するモン人自治区が一〇〇ヵ所あまり設けられ、伝統的な関係を断ち切った。重税にたいする反乱はほかでも起こり、すぐに鎮圧されたが、諸民族の反乱は、のちにラオス全人民の統合のために重要な意味をもつことになった。

大戦後、ラオスでも植民地開発がおこなわれ、ラオス人人口は一〇年の六〇万から二一年に八一万九〇〇〇、三六年に一〇三万八〇〇〇に増加した。しかし、その繁栄は、ラオス人よりフランスの政策によって定住した中国人やベトナム人の商人、職人が享受することになった。とくに都市中心部の人口は、ラオス人をしのぐまでになった。また、植民地統治のはじめから、中級レベルの役人の多くにベトナム人が採用されていた。大戦後、増加したとはいえ、ヨーロッパ人人口が一〇〇〇を超えることはなかった。

▼一九七〇年に親米派のクーデタによってクメール共和国が成立したが、七五年に共産主義勢力クメール・ルージュが首都を征圧した。飢餓と虐殺による大量死の後、親ベトナム派が七九年に政権を握った。九三年に立憲君主制が採択され、シハヌークが国王に再即位してカンボジア王国が成立した。

ディエンビエンフー
ベトナム北西部、ラオス国境に接する交通・交易の要衝。一八四一年にグエン朝第三代紹治帝(ティエウチ)(位一八四一〜四七年)が、西方辺境防衛と開発の拠点とした。現地の歴代の首領がベトナムとラオスの双方に朝貢していたため、一九世紀後半にはフランスとシャム双方がそれぞれ主権を主張した。一九五四年の同地でのフランス軍にたいする勝利は、キン人の伝統的居住地域から遠く離れ、黒タイ人やモン人(ミャオ人)が多数派を占める地域であったため、ベトナム諸民族の団結を強く印象づけるものとなった。

二三年、インドシナの五地域のなかでもっとも遅く、現地人諮問議会がラオスで設立された。一八世紀初頭のランサン王国分裂以来、はじめてラオス全土の代表が一堂に会したが、政治改革はすすまなかった。ラオスは、植民地支配下での近代化が遅れ、人材が育っていなかった。フランス語による六年間の初等教育がはじまったのは一七年、中学校が開校したのは二一年のことで、大学に進学するためにはハノイへ行かなければならなかった。三〇年代末になっても学校に行くことができたのは二〇人に一人以下で、中学校の四年課程に入学したのは一二〇人、うち女性が一七人、ラオス人は半分にも満たなかった。ベトナムの高等教育機関に進学したラオス人は、わずか七人であった。

県レベルの行政はほとんどベトナム人がおこなっていたため、二八年にラオス人官吏を養成するための法律行政学校が設立された。治安確保のための現地人保安隊も、ほとんどベトナム人によって占められており、三七年に軍人を含む現地人行政職幹部の四六%がラオス人ではなく、そのほとんどがベトナム人だった。商業的中心地は、たいてい中国人で占められていた。ラオスの植民都市は、中心にフランス人が位置し、その外側に中国人・ベトナム人、周辺部にラオス人がいて、ラオス人村落社会はフランス人とは無縁であった。低地ラオス人の九〇%近くは自給農民で、数少ない都市においても労働者とよべる者はほとんどいなかった。三〇年に設立されたインドシナ共産党は、インドシナとは名ばかりで、ラオス人の党員はほとんどおらず、ベトナムから逃れてきた党員が活動しているにすぎなかった。

ラオスという独立国家が現実味を帯び、ラオス人がナショナリズムを意識するようになるのは、第二次世界大戦が勃発し、四〇年六月に本国フランスがドイツに降伏し、九月に日本軍が北部に進駐して、フランス（ヴィシー政権）と共同統治してからだった。日本軍を後ろ盾に、三九年にシャムから国名を変えたタイが「失地」回復を主張して、フランス領のカンボジアやラオスの一部をタイ領とした。フランス植民地政府は、ラオス人の離反を恐れて、四一年八月、ルアンパバーン王国とのあいだにはじめて正式に保護条約を締結し、王国政府に内閣制度を設けて、フランスやイギリスで学んだ王族のペッサラート*を首相に就かせた。

また、「ラオス刷新運動」とよばれる文教政策を実施した。ラーオ語の新聞を発刊し、ラジオ局を開設して、タイの汎タイ主義プロパガンダに対抗した。親フランスを植え付けようとした政策は、逆にラオス人のナショナリズムを昂揚させ、ラオス人は反フランス的志向を強くもつようになった。しかし、ルアンパバーン王国とチャムパーサック王国が対立し、ビエンチャン*はフランス人とベトナム人の街になった。

四五年三月、それまでフランスと共同統治していた日本軍がクーデタを起こし、権力を掌握した。日本軍は、四月にルアンパバーン王国の「独立」を宣言させた。八月に日本軍が降伏すると、自由タイ*の影響を受けた自由ラオスが九

ペッサラート・ラタナウォン
一八九〇〜一九五九年。副王の二番目の息子で、パリの植民地学校を卒業し、一年間オックスフォードで学んだ。一九二三年に政治・行政部の現地人総監に任命され、ラオス人官吏の数を増やし、質を高めようとした。また、歴史、文学、文化研究に力を注ぎ、文化的ナショナリズムの形成に大きく貢献した。四五年九月一五日にラオスの統一と独立を宣言し、一〇月二〇日に自由ラオス臨時人民政府によって国家元首に選出された。

ビエンチャン
一五六〇年にルアンパバーンから遷都して、ランサン王国の都となり、一八世紀初めに同王国が分裂して、ビエンチャン王国の都となった。一八二七年にシャム軍に敗れ、破壊されて廃墟と化した。九九年にラオスがフ

月一日に独立を再確認する宣言をおこない、一五日に北部と南部を併せた「ラオス」の統一を宣言した。しかし、四六年二月に日本軍の武装解除にあたった中国国民党軍を撤退させたフランスは、「ラオス」の再植民地化のための軍事行動を開始し、九月までに「ラオス」を再占領した。自由ラオス臨時人民政府は、四月末にバンコクへの亡命を決めた。その間に、ルアンパバーン国王を元首とするラオス王国が成立し、統合されたチャンパーサック王国の王位継承者にはラオス王国総監の地位が与えられた。

四九年七月、ラオス・フランス独立協定が締結され、フランス連合内での独立が認められた。その後の反フランス抵抗運動が激しくなるなか、五三年一〇月ラオス・フランス連合友好条約を締結し、ラオス王国の完全独立が認められた。しかし、その翌五四年の五月に、フランスはディエンビエンフーの戦いでベトナム軍に敗れ、七月のジュネーヴ会議でラオス領内からの外国軍の撤退が決められた。五七年、六二年の二度の連合政府の失敗後、アメリカが支援する王国政府軍と北ベトナムが支援する左派勢力（パテト・ラオ）との戦闘が激化した。七四年に第三次連合政府が成立したときには、左派勢力が圧倒的に優勢になっており、軍事的にも七五年六月にほぼ全土を制圧した。同年一二月に王制が廃止され、社会主義国家としてラオス人民民主共和国が成立した。

ランス領インドシナ連邦に編入されると主都となり、理事長官がおかれた。以降、ラオス王国（一九四六～七五年）から一九七五年の社会主義革命を経て、今日にいたるまで首都として政治・経済・文化の中心となっている。

自由タイ
第二次世界大戦期に、タイ国内外で展開された抗日運動の地下組織の総称。タイは一九四一年一二月に日本軍と攻守同盟を結んだが、いっぽうで内外で抗日組織を結成した。駐米大使セーニー・プラモート（一九〇五～九七年）は在米タイ人によびかけて自由タイを結成し、アメリカ、イギリスの協力を得た。四三年になって日本軍の敗戦を確信したタイ政府は自由タイ運動を裏で支援し、四五年に入ると蜂起作戦を準備した。連合国軍からの許可がおりないまま終戦を迎えたが、この運動によってタイは敗戦国になることを免れた。四五年九月に解散したが、自由タイ派政治勢力が戦後の政治をリードした。

3　イギリス領ビルマ

第一次世界大戦後、仏教復興のための文化団体であるＹＭＢＡに満足できなくなった数十名の会員は、一九二〇年一〇月、新たに「ビルマ人団体総評議会ＧＣＢＡ」を結成した。ＧＣＢＡは都市を根拠としながら、仏教僧侶の支援を得て農村部にも影響力を拡大し、イギリスからの「自治」獲得をめざした。具体的には、農民が不満を抱いていた人頭税・戸別税などの税制度の廃止を要求したほか、イギリス製品不買運動や納税拒否運動など、インド国民会議派が用いた戦術をおこなった。しかし、一九年に施行された改正インド統治法が、遅れて二三年にビルマでも施行されることになり、前年に立法参事会議員選挙がおこなわれると、内部対立が発生した。さらに二五年、二八年の選挙にさいして、イギリスへの「協力と抵抗」のはざまで、また個人的な対立から、組織は四分五裂した。当初の目的であった各地のビルマ人による団体の総元締めとなって、民族運動を展開する状況ではなくなっていった。

いっぽう、大戦後、繁栄を続けていた米作農民を取り巻く環境が、しだいに厳しい状況になっていった。デルタの未墾地の消滅、米価の変動幅の増大、土地生産性の下降、生産費の上昇、さらに安い賃金や高い小作料負担に応じるインド人労働者の出現が、ビルマ農民を苦しめるようになった。二〇年代には、

ビルマ農民大反乱　指導者のサヤー・サン（一八七六〜一九三一年）の名から、サヤー・サンの反乱ともいう。農民三〇〇〇を率いて蜂起し、各地に波及したが、竹槍で武装しただけの農民は、武装警官八一〇〇、イギリス・インド軍三六四〇によって容易に鎮圧され、三〇〇〇の死傷者、九〇〇〇の逮捕者を出した。

借金を返せない農民が加速度的に増加し、土地が金融業者の手に落ちていった。そして、二九年の世界大恐慌の影響で、米価は下がり続け、三四年には二〇年代の半分になった。半世紀をかけて水田を切り開き、世界最大の輸出米基地を築いたビルマ農民の大半が、三〇年代に土地を失った。

このような農民を、都市中間層主導の運動に見切りをつけた元僧侶らが糾合して、三〇年末に反乱を起こした。下ビルマ全体に広がる大規模なものに発展し、「ビルマ農民大反乱」*（図30）とよばれるようになるが、組織だったものには発展せず、三二年四月には鎮圧され終息した。

GCBAに見切りをつけたのは、農民たちだけではなかった。二〇年代にGCBAに加わった若い世代は、内部抗争する上の世代に抗議する意味で、三〇年に「我らのビルマ協会」という政治団体を結成した。ビルマ語で「主人」を意味する「タキン」をつけて党員がよびあったことから「タキン党」ともよばれ、「ビルマの主人はイギリスではなく、我々ビルマ人である」ことを主張し、「かれら（イギリス）の側に立つ（イギリスに協力的な）ビルマ人」、つまりGCBA系の政治家を激しく非難した。学生の活動も活発になり、二〇年の第一次学生ストライキに続いて、三六年に第二次を決行した（図31、図32）。

そして、三五年にビルマ州をインド帝国から分離させることを核とするビルマ統治法が公布されると、GCBA系の政治家は遠くない将来に自治領になることを期待するようになり、植民地議会を重視するようになった。いっぽう、

図30　捕らえられた「農民大反乱」の指導者
指導者サヤー・サンは、一九三一年八月に逮捕された。写真は、監獄から裁判所に向かうところ。裁判で死刑判決を受け、絞首刑に処せられた。

図31　1936年ラングーン大学学生同盟執行委員一同
第二次学生ストライキを指導した学生たち。前列左から３人目が、のちに独立運動の指導者となったアウンサン（当時21歳）。

二〇年代に社会主義思想の影響を受けたタキン党は、イギリスによる植民地支配の打倒だけでなく、帝国主義を生み出す資本主義を拒否する「社会主義国家ビルマの独立」をめざすようになった。また、タキン党は、ビルマ語の「ミャンマー」の口語形である「バマー（ビルマ）」を使うことで、管区ビルマだけでなく、シャン人やカレン人などの非ビルマ系諸民族を含んだ独立国家を構想した。▼1

このタキン党を中心に、日本占領期を挟んで、四八年にイギリス連邦に加わらない完全な独立を達成するが、独立交渉の中心であったアウンサン▼2（一九一五〜四七年）が暗殺されて不安定要素が増し、独立と同時に共産党*、左派人民義勇軍、カレン人などが相次いで蜂起した。アウンサンは日本軍による軍事訓練を受け、四一年にビルマ独立義勇軍を結成して、日本軍と並行してビルマに侵攻した。翌四二年に改編して、ビルマ防衛軍とし、その司令官に就任した。四四年八月に抗日戦線、反ファシスト人民自由連盟（パサ

図32　ラングーン大学第二次学生ストライキで、市内をデモ行進する学生たち
市内のシュエダゴン・パゴダで露営し、昼間はデモ行進して市民に協力を訴えた。女子学生も五〇人弱が参加した。境内には、一九二〇年の第一次学生ストライキのために会議をおこなった場所に、学生運動の記念碑がある。

パラ）を結成して四五年三月に抗日蜂起した。戦後、四七年一月にアウンサン＝アトリー協定に調印、独立準備に専念していた同年七月一九日に政敵によって暗殺された。その娘が現在の民主化の指導者、アウンサンスーチー（一九四五年〜）である。

いっぽうカレン人は、二〇世紀になってビルマ民族主義運動が高まると、「植民地主義の側の民族」として排撃され、カレン人もそれに反駁した。四二年三月にイギリスが撤退し、七月に日本軍が軍政を発布するまでの権力の空白期間に、大規模な民族衝突「カレン＝ビルマ紛争」が起こった。四七年に独立が現実的なものになると、カレン人は独立国のなかに十全な民族統合を保持しうるカレン州の設立を求めたが、強大な政治勢力になることを恐れたビルマ人によってカレン分断策がとられ、追いつめられた結果四九年一月に武装蜂起するにいたった。

現在、ミャンマー連邦共和国は中央政府が引いた境界に基づく七管区、七州からなり、一三五の民族を公式に認定している。七管区は上座仏教徒のビルマ人中心で、七州はそのほかの主要民族からなる。まず四八年にビルマ連邦として独立したときに、シャン州、カチン州*、カレン州、カレンニー州（五一年にカヤー州と改名）とチン特別区が設立された。さらに、七四年憲法でヤカイン州とモン州が新たに設立され、チン特別区がチン州となった。シャン州には、六二年の軍事クーデタ以前に三三の藩王国があった。

▼1　イギリスが管区ビルマと周辺地域の非ビルマ系諸民族との交流を制限していたため、現実的な構想ではなかった。タキン党も、ビルマ民族・ビルマ文化中心主義の組織であった。

▼2　アウンサンについては、つぎの文献を参照。根本敬『ビルマ独立への道』彩流社、二〇一二年。

ビルマ共産党
一九三九年八月一五日に結成されたビルマ最古の政党。独立後の四八年から武装闘争に入り、都市の拠点を失った後、中国の支援を受けて、シャン州北東部を根拠地とした。八九年に指導部が中国へ放逐された後も、四〇年に渡って独立状態を保った統治機構は、少数民族の地方政権に引き継がれて、今日に至っている。

カチン州
一九五一年に再確定され、六四年から七四年までコートレイ州と称した。

独立後、連邦政府は、中央集権的な行政管理を徹底し、学校教育や文化政策を通じて、住民の国民化をすすめた。いっぽう、七州に分けた主要民族には、それぞれ固有の芸術や行動様式が存在することを認め、州の枠内で民族地域文化が形成されることを望んだ。しかし、連邦と称しながら、七州の民族は七管区のビルマ人と対等ではなく、「準国民」扱いされたことから、カレン人などの反政府武装闘争が続いている。また、その七州の主要民族も、それぞれの州内で言語や文化で統一されているわけではないため、さらに複雑な問題を抱えている。一九八九年、軍事政権は多民族国家にふさわしい呼称として、国名をミャンマー連邦、首都名をラングーンからヤンゴンに改めた。▼

4 イギリス領マラヤ

第一次世界大戦後のイギリスの影響力の後退は、輸出入貿易に占める割合からわかる。イギリスは大戦前の一九一三年に輸出で二八・八%、輸入で一四・五%であったが、二七年には輸出で一四・九%、輸入で一三・四%に減少した。植民地であったインドや香港などを加えると、その落ち込みはさらに大きくなる。イギリスにとってかわったのは、輸出ではアメリカで一四・二%から四四・〇%に、輸入ではオランダ領東インドで一九・二%から三六・七%にそれぞれ増加した（表1）。

▼軍事政権が、「ミャンマー」ということばに、新たに国内のすべての民族をさす呼称という意味を付与したことから、軍事政権の正統性に疑義をもつ人びとなどが国名として「ビルマ」を使うことを主張している。正式な国名は、一九四八〜七四年ビルマ連邦、七四〜八八年ビルマ連邦社会主義共和国、八八〜八九年ビルマ連邦、八九〜二〇一〇年ミャンマー連邦、二〇一〇年〜ミャンマー連邦共和国である。国旗も二〇一〇年一〇月に、新しいデザインになった。

イギリス領マラヤの中国人は、大戦以前から孫文*や康有為*などがシンガポールを訪れて、資金援助を要請するなど、本国の政治運動・革命運動の影響を強く受けてきた。このような祖国中国との政治的関係は、大戦後共産主義運動とのかかわりで顕現した。中国共産党の指導の下に、イギリス領マラヤ、オランダ領東インド、シャム各地の中国人と連携して、南洋共産党が二五年に結成されたが、三〇年にコミンテルンの指導の下に、活動範囲をマラヤに限定したマラヤ共産党に改編された。このころには、マラヤを仮住まいとする意識の強い華僑から、マラヤを永住地として意識する中国系住民に変わってきていた。それは、文学においてもあらわれた。二〇年代後半になると、この土地に根ざした人間、風景、社会問題を扱うようになり、やがて南洋華文文学、さらにマラヤ華文文学へと発展していった。

この傾向は、ムラユ人にもあらわれた。イスラーム改革派の影響を受けてエジプト文学を翻訳することではじまったムラユ近代文学は、マレー半島を舞台にムラユ人を主人公とする作品へと発展していった。そこでは、社会的批判やモラルの向上、イスラーム信仰、ナショナリズムといった植民地社会での矛盾など、社会性の高い現実的な問題がとりあげられた。ムラユ人の民族覚醒、政治的活動は、中国人より一時代遅く、中国人の影響を少なからず受けた。インド人のマラヤに居住しているという意識はさらに遅れるが、確実に民族的出自より、ともにマラヤを生活の場とし、植民地支配から脱して、新たな社会を建

孫文
一八六六～一九二五年。なんどもシンガポールを訪れ、一九〇五年に日本で結成した中国同盟会の支部「星州同盟会本部」を〇六年に設立して、資金集めの拠点とした。一一年一〇月に辛亥革命が起こり、翌一二年一月に中華民国臨時大総統に就任したが、翌月辞任した。一四年に中国革命党を結成し、一九年に中国国民党に改称して、中国統一運動を続けた。かれが唱えた三民主義は、中国革命の基本理念となった。拠点とした晩晴園は、現在、孫中山南洋紀念館になっている。

康有為
一八五八～一九二七年。清朝第一一代光緒帝（一八七一～一九〇八年、位一八七五～一九〇八年）に認められて重職に就いたが、前皇帝の生母、西太后（一八三五～一九〇八年）派の弾圧にあい、香港に亡命した。一九〇〇年にシンガポールを訪れるなど、南洋華僑の援助を受けて、立憲運動を続けた。

設していこうとする気運は高まっていった。

このようなとき、三九年にヨーロッパで第二次世界大戦が勃発し、今度は本格的にアジア・太平洋にも戦線が拡大した。四一年一二月八日、日本はイギリス、アメリカに宣戦布告し、翌四二年二月一五日にシンガポールを占領した。日本軍は中国人をとくに敵視し、数万人と推定される虐殺をおこない、多額の献金を要求した。これにたいして、中国人は義勇軍を結成して激しく抵抗した。いっぽう、日本軍はイギリスの民族分断政策を引き継いで、反イギリス活動をしていたムラユ人やインド人を優遇した。三七年に結成されたマレー青年同盟（KMM）のリーダーを義勇軍の幹部に取り立て、インド人にはインド国民軍の創設を援助し、さらに四三年一〇月に自由インド仮政府を樹立させた。初めそれに応える者もいたが、やがてイギリス時代より過酷な政治的抑圧と経済的搾取から、マラヤの人びとは日本軍を解放軍ではなく侵略者とみなすようになった。そして、自分たちの家族と社会、生活を守るために、民族を超えてマラヤという祖国を防衛するための抗日に立ち上がる者があらわれはじめた。

戦後、日本に協力したムラユ人やインド人が中国人によって報復されるなど、民族対立が明らかになる事件が起こった。また、戦争中の抗日活動を正当に評価されなかった中国人を中心とするマラヤ共産党が武装蜂起し、戦後復帰した植民地政府の最大の脅威になった。政府は、四八年六月に非常事態を布告して弾圧し、鎮圧までに一二年を要した。この危機を乗り越えたのは、ムラユ人、

▼**1** イギリス領マラヤ（マレー半島およびシンガポール）とボルネオは、独立にさいし複雑な過程をたどった。それは多民族・多元文化社会であったことと地理的にマレー半島とボルネオ島北西部に二分されていたことによる。一九五七年八月三一日にシンガポールを除くイギリス領マラヤがマラヤ連邦として独立し、ついでシンガポールが五九年六月三日に自治政府となった。そして、六三年九月一六日にマラヤ連邦、シンガポールおよびイギリス直轄領となっていたサラワクと北ボルネオ（サバ）が統一してマレーシアが成立したが、六五年八月九日にシンガポールが切り離され、シンガポール共和国として独立した。さらに、五九年に部分的自治を獲得し、七一年に完全自治を達成したブルネイが、八四年一月一日にブルネイ・ダルサラーム国として独立した。「マレーシア」は、正式な国名である。

▼**2** 統一マレー人国民組織（UMNO）、マラヤ／マレー

中国人、インド人の三つの政党が連盟して独立に向かったことにあった。五七年八月三一日、ムラユ人の優位を認めたマラヤ連邦が独立した。[1] この三民族政党の連盟が政権を独占するという基本は、近年まで揺るぎがなかった。[2] それは、それぞれの民族の利害を超えて国家を維持していくためには、強権をもっていくしかないことを物語っている。さらに顕著なのがシンガポールで、人民党一党独裁が、今日まで強権政治を続けている。小国シンガポールが国家を維持し、経済的に繁栄するためには、民主主義的な議論より、国家が国民を管理し迅速で的確な決断をすることが必要であった。

その両国はともに、六〇年代半ばに国家記念碑を建立した。マレーシアは六六年に高さ約一五メートルの国家記念碑を建て、その近くに戦争記念碑を移築した。国家記念碑は七人の兵士の像からなるが、アメリカ人の彫刻家が制作したためか西洋風の顔立ちになっている（図33）。移築された戦争記念碑には、すでに述べたように共産主義との闘いを示す「1948–60」が加えられた。ともに、植民地時代を否定していないように思える。

シンガポールでは、全島で日本占領期の虐殺遺体が発見されたのを契機に、中華総商会（商工会議所）の募金のよびかけに中国系以外の市民も応じて、六七年に高さ約六八メートルの日本占領時期死難人民紀念碑が建立された（図34）。この紀念碑は、四つの柱（二膳の箸をあらわす）か

図33　マレーシア国家記念碑（著者撮影）
後ろに、戦争記念碑が見える。

シア華人公会（ＭＣＡ）、マラヤ／マレーシア・インド人会議（ＭＩＣ）が連盟党を結成し、一九五五年から連邦政権を握った。七四年に半島部以外の政党を加え、国民戦線と改称した。半島部の各州、とくにスルタンを擁する九つの州では、イスラームにかかわる事項などの権限が賦与され、独自性が強い。この九つの州のスルタン家の当主が五年を任期として、輪番制で国王を務めている。

らなり、中国系、インド系、ムラユ系の三つの出身民族とヨーロッパ系のユーラシアンなどその他のシンガポール人が、団結することを象徴している。

マレーシアの戦争記念碑の三つの年号が示すように、マレーシアには二〇世紀に三度の転機があった。その最初の転機が、第一次世界大戦だった。そして、六五年に現在の国家のかたちになってまもなく、これらの記念碑が建てられた。

図34　日本占領時期死難人民紀念碑（シンガポール）（著者撮影）

5　オランダ領東インド

第一次世界大戦後、輸出入経済でオランダとイギリスが後退したことが、統計からわかる。戦前の一九一三年にオランダは輸出で二八・一%を占めていたのが、戦後の二〇年には一五・九%に減少した。輸入でも三三・三%から二三・六%に減少した。イギリス領マラヤも輸出で二一・〇%から一三・七%、輸入で一八・七%から一二・七%に減少した。輸出入でインドも減少したが、輸入で本国イギリスが一七・五%から一八・五%に若干増加した。輸出入ともに増加したのはアメリカで、輸出で二・二%から一三・四%、輸入で二・一%から一四・六%を占めた。輸入ではドイツが六・六%から三・三%に半減したのにたいして、日本が一・六%から一二・三%に増加した（表1）。

大戦後、オランダ人を中心にはじめた労働組合や社会主義・共産主義運動は、原住民中心になっていった。スネーフリート*によって結成された東インド社会

ヘンドリック・スネーフリート　一八八三～一九四二年。オランダ人共産主義者で、一九一八年に国外退去処分を受けてオランダに帰国した。二〇年にコミンテルン第二回大会に出席し、コミンテルンの工作員として中国に渡り、二一年の中国共産党の設立、国共合作にかかわった。共産党員が国民党にも加入するという形態での国共合作は、東インド社会民主主義同盟とイスラーム同盟との関係にならったものだった。

民主主義同盟は、二〇年五月に東インド共産主義者同盟に改組した。事実上のインドネシア共産党の発足で、コミンテルンへの加盟も認められた。イスラーム同盟と労働組合は、一九～二〇年に激しいストライキ運動を指導し、要求を勝ちとっていった。こうした大衆運動の過激化にたいして、植民地政府は宥和的政策を捨て、抑圧的な方針に転換した。警察力の強化、指紋制度の採用など、弾圧体制が整うなか、イスラーム同盟は分裂して、弱体化していった。イスラーム同盟にかわって大衆運動の主導権を握ったのが、共産党だった。二五年末に武装蜂起を決議し、二六年一一月に西ジャワ、二七年一月に西スマトラで実行したが、短期間に徹底的に鎮圧された。一万三〇〇〇人が逮捕され、四五〇〇人が有罪とされ、共産党は死滅した。

その後の民族運動の中心になったのは、オランダ留学帰りのエリートたちだった。一九〇八年にオランダで設立された留学生の文化・親睦団体、東インド協会は、二三年にインドネシア協会と改称して、民族主義的な活動をおこなうようになった。その幹部が党幹部の多数を占めるインドネシア国民党*が、二八年五月に結成された。しかし、思想面でも運動面でも指導力を発揮したのは、党首スカルノだった。スカルノはジャワ人小学校教師の子として生まれ、ヨーロッパ人小学校、エリート中等教育の高等市民学校を経て、開校翌年のバンドゥン工科大学に入学した▼。倫理政策に基づくオランダ語による教育を受けた下級貴族（ジャワでプリヤイとよばれた）の子弟が、民族主義者として育ったので

インドネシア国民党　一九二七年七月に結成されたインドネシア国民同盟から改称した。「独立」を合言葉に各地に広まり、独立のための統一と団結を訴えた。独立後の四六年に復活し、数度にわたって国政を担当したが、六六年以降軍の台頭などで衰退し、七三年に他党と統合して、党名が消滅した。

▼このほか、一九二四年にバタビアに法科大学、二七年に同じくバタビアに医科大学などの高等教育が開設され、オランダ語によるエリート教育体制が完成した。

ある。スカルノの政治思想は、イスラーム、マルクス主義、民族主義の三つは独立の大義のために統一されるべきだが、民族主義を優先すべきだ、というものだった。国民党は、対オランダ非協調路線の大衆運動によって、インドネシアという国家領域の政治的独立を達成しようとした。二九年末には全国に支部をおき、党員は一万を超えたが、そのほとんどがバンドゥン、バタビア、スラバヤの都市市民だった(図35)。国民党の運動に危機感を強めた植民地政府は、幹部をつぎつぎに逮捕した。スカルノも、禁固四年を科された。国民党は活動が非合法化されていくなか、三一年四月に解散した。

その後、さまざまな政党が結成され、分裂・統合を繰り返しながら、反植民地運動を展開した。それにたいし、植民地政府は断固とした抑圧方針で臨み、なかには協調路線をとろうとした政党もあったが、それも拒んだ。こうした閉塞状況にあった四二年三月、日本軍が占領した。

これらの民族主義運動の思想潮流は、伝統的ジャワの価値観、イスラーム、共産主義を含む西洋近代の三つのどれかにあり、それぞれ指導される民主主義、イスラーム国家、議会制民主主義を、独立後に思い描いていた。しかし、そこにインドネシアという共通の文化が形成されつつあった。二三年に在オランダの留学生組織をインドネシア協会、二四年に東インド共産党をインドネシア共産党、二九年にイスラーム同盟の後身であるイスラーム同盟党をインドネシア・イスラーム同盟党と改名したのも、「インドネシア」という呼称が解放思

図35　インドネシア国民党大会（一九二九年）
独立を目標に掲げたが、この大会後に党首スカルノが逮捕された。

想の象徴となったからである。それは、オランダ領東インドをインドネシア、原住民をインドネシア人、ムラユ語（マレー語）をインドネシア語とよぶことによって、「ひとつの祖国インドネシア、ひとつの国民インドネシア国民、ひとつの言語インドネシア語」▼という未来像を示した（図36）。

インドネシア語は、もともとムラカ（マラッカ）海峡地域の人びとの古代以来のリンガフランカ（商業共通語）が、一五世紀からの「商業の時代」の発展（イスラーム化を含む）とともに、海域東南アジアに宗教用語ともなって広まっていったものである。オランダ植民支配下でも、オランダ語につぐ公用語として、行政や学校で用いられ、民族運動の広がりとともに共通語として認識されて、集会や機関紙の用語となっていった。また、インドネシア語は文学にも用いられた。とくに、西欧や中国の大衆小説の翻訳などに、平易なインドネシア語が使われた。煩雑な敬語法のあるジャワ語は、とくに大衆に敬遠された。

二〇年代になると、インドネシア人作家たちは標準ムラユ語を用いる近代文学に移っていき、三〇年代には『プジャンガ・バル（新詩人）』などの月刊文芸誌が創刊され、インドネシア文学活動が本格化した。かれらは、地方語、外来語を積極的に取り入れ、従来のムラユ語や学校のムラユ語を越えたインドネシア語の文学へと発展させた。また、三〇年代には、三文小説とよばれる大衆文芸がさかんに出版された。すでに二〇年代から、伝統的価値と近代的価値の衝突や東西文化のあいだの葛藤など、重苦しいテーマが描かれていたが、三〇年

▼一九二八年の青年大会で、この「青年の誓い」が宣言され、採択された。

図36　青年大会で披露された民族歌「インドネシア・ラヤ」（一九二八年）　スプラットマンという青年が作曲した。この歌はオランダ植民地政府によって禁止されたが、密かに歌い継がれ、独立後に国歌になった。

代後半になると、月刊文芸誌を中心に「文化論争」が展開された。「西欧近代文化」志向派と「土着文化」志向派との論争は決着がつかなかったが、ありうべきインドネシア国民文化が議論された。

四二年の日本軍による占領は、将来の独立国家インドネシアを地域的に三分した。スマトラ島はイギリス領マラヤと同じ軍政下におかれ、オランダ領ボルネオやセレベス（スラウェシ）島以東の島じまは海軍が担当した。ひとつの軍政下におかれたジャワ島では、スカルノを中心に対日協力によって独立を求める道を選んだ。そして、日本が降伏すると、四五年八月一七日にインドネシア共和国の独立を宣言した。

独立宣言後ただちに、憲法を制定し政府を組織したが、オランダは日本製の独立であるとして認めず、外交交渉をするいっぽうで、ゲリラ戦を中心とする独立戦争がはじまった。国際世論、とくに共産主義化を恐れるアメリカの支持もあって、四九年一二月に一六ヵ国からなるインドネシア連邦共和国が成立した。一五ヵ国は順次インドネシア共和国に吸収されて、五〇年八月にインドネシア共和国が再発足した。

インドネシア共和国は、四五年憲法の前文中に記載されている五つの原則をパンチャシラ*とよび、国是とした。それは、①唯一神への信仰、②公平で文化的な人道主義、③インドネシアの統一、④協議と代議制において英知によって導かれる民主主義、⑤インドネシア全人民にたいする社会正義、であった。国

パンチャシラ
パンチャは「五」、シラは「徳の実践」（仏教の「戒」）を意味するサンスクリット語である。スハルト大統領（一九二一～二〇〇八年、任一九六八～九八年）は、全国民が従うべき唯一の国家原則とし、これに反する個人・団体を弾圧する理由としたが、一九九八年の民主化以降、思想、信教の自由が認められ、思想的唯一性は解除された。

章「ガルーダ・パンチャシラ」では、それぞれ①星、②鎖、③菩提樹の木、④バンテン牛、⑤稲と綿の穂で表わされ、サンスクリット語で「多様性のなかの統一」と書かれた国家標語をガルーダがつかんでいる（図37）。

ガルーダ　ヒンドゥー三大神のひとりヴィシュヌを乗せて空を駆けるインド神話中の神の鳥。

6　アメリカ領フィリピン

第一次世界大戦後、フィリピンは輸出入貿易で、まったくアメリカに依存するようになった。一九一三年に輸出で三六・八％を占めていたのが二七年には七四・六％に倍増し、輸入は四六・五％から六一・七％に増加した。二位のイギリスは輸出で一六・九％から五・五％に、輸入で一〇・〇％から四・五％に大幅に減少した。輸入で目立つのは、日本が四・九％から九・六％に倍増し、中国が三・五％から六・四％に増加した程度であった（表1）。

一六年の自治法成立後、大戦にアメリカ合衆国軍の一翼を担って参戦する軍隊を準備し、アメリカに忠誠を示したフィリピン議会は、休戦協定が結ばれた一八年一一月に独立委員会を創設し、翌一九年二月に第一回独立使節団をアメリカに派遣した。これ以降、二二年から三三年まで毎年のように使節団を派遣したが、独立を「認めてもらう」ことはできなかった。

その第一の理由に、アメリカでは二一年から三三年まで共和党が政権を握り、フィリピンの独立に強く反対したことがあった。第二に、フィリピン議会の構

図37　国章ガルーダ・パンチャシラ

図38　二枚舌ならぬ双頭の政治家（*The Independent*, 23 August 1919）
フィリピン人庶民向けには「独立を望んでいる」、アメリカ人向けには「独立を望んでいない」と、まったく正反対のことを言っている。

成員の大部分を占めた地主階級が、アメリカとの自由貿易による最大の受益者で、独立によってその特権を失うことを恐れていたためである。そのため、表向きは「完全・即時・絶対独立」を唱えながら、裏では植民地支配の継続を求めるまったく逆の行動をとった（図38）。

それが逆転して、独立を「与える」動きに変わったのは、アメリカ側の都合だった。二九年の世界大恐慌後の不況に苦しむアメリカの農業団体、労働団体がフィリピンから砂糖、マニラ麻、ココナツ製品などの農産物が免税で輸入されるのを阻止するため、またフィリピンから低賃金労働者が流入するのを防ぐために、「フィリピン独立運動」を開始した。この動きは、三三年に民主党が政権に復帰したことで加速し、一〇年間の独立準備期間を経て独立を認めるフィリピン独立法*が成立した。この法には、四六年七月四日にアメリカはフィリピン諸島にたいする主権を放棄すること、アメリカ市民・企業にたいする「内国民待遇」の保障、フィリピンの対アメリカ輸出品に六年目から

フィリピン独立法
一九三四年三月二四日にアメリカ議会で成立し、同年五月一日にフィリピン議会が受諾した。法案提出議員の二人の名前から、タイディングズ＝マクダフィ法とよばれる。前年にアメリカ議会で可決されたヘアー＝ホーズ＝カッティング法は、フィリピン議会で否決された。独立への主導権を握るために、ケソンはライバルのオスメニャとロハスの使節団が尽力した法案を廃案にし、自ら使節となって持ち帰った内容的にほとんど変わらない法案を可決させた。

独立準備政府
コモンウエルスとよばれた。ア

関税五%が課せられ以後毎年五%が加算されること、アメリカへのフィリピン人移民の制限などが含まれていた。そして、三五年九月の総選挙を経て、正副大統領が選出され、同年一一月一五日に独立準備政府*が発足した。

発足にあたって、三五年憲法が制定された。この憲法では、国民主権の共和政体、国防にたいする政府・国民の義務、戦争放棄と国際法の尊重、子どもにたいする親の権利・義務と政府の支援、国民の福利と経済的安全を保障する「社会正義」の五つの基本原則が宣言され、植民地支配・経済から脱却する試みがおこなわれた。しかし、独立法案のときの二枚舌が明らかにしたように、地主階級は国家の自立より、植民地支配下での利益を優先した。

休戦直後までフィリピンの輸出総額の四〇~五〇%台を占めたマニラ麻は、二〇年代には半減し、三〇年代にはさらに激減して一〇%を割るようになった。かわって砂糖が二〇年代にそれまでの倍の二〇~三〇%台を占めるようになり、三〇年代にさらに激増して六〇%を超える年もあった。▼その砂糖産業で潤ったのが地主階級で、その地主階級を優遇することでアメリカ植民地支配が強化され、貧富の差が拡大した。とくに農村では慣行的土地所有権を失ったり、商品作物栽培を強要されて負債をおったりした者が、小作農や農業労働者に転落した。小作農率は一八年の一七%から三九年の三五%に倍増した。なかでも、中部ルソン地方では二一%から五四%に増加して、農村不安が高まった(図39)。

いっぽう、都市化したマニラでは単純労働者が求められ、疲弊した農村から

メリカ大統領が任命する高等弁務官がおかれ、国防、外交、通商、財政以外の内政は、ほぼ独立準備政府が担当した。初代大統領にマヌエル・ケソン、副大統領にセルヒオ・オスメニャが就任した。

▼大戦を境に、フィリピンの代表的輸出商品の序列は、マニラ麻、砂糖、煙草から、砂糖、ココナツ製品、マニラ麻、煙草に変わった。マニラ麻は、新たに世界市場に登場したサイザル麻などと競合し、硬質繊維市場の独占が崩れた。また、輸出先がアメリカ、イギリスからおもに低廉なものを使う日本に移り、生産地もルソン島南部ビコール地方から、日本人栽培者が中心となったミンダナオ島東南部ダバオに移った。いっぽう、砂糖は、大戦を境に小さな製造所で生産していた糖度の低いものから、近代的製糖工場で生産される糖度の高い原料糖にかわり、三〇年代にはほぼ一〇〇%がアメリカに輸出されるようになった。

流入した。しかし、マニラは都市産業が未発達で、安定した職をみつけることは困難だった。運よくみつけたとしても、世界経済の影響をまともに受ける従属経済の下での労働は、変動のたびに条件が悪化した。その結果、都市の失業者が増加し、労働組合運動が活発になった。そして、交通・通信網の発達とともに、植民地支配下の不平等な社会のなかで発生した社会改革運動は、マニラと地方を結ぶ運動に発展した。

大戦後の不況下で地主の支配体制が強化される二〇年代になると、農村や都市の貧困層のあいだで、さまざまな抵抗運動が起こった。そのなかで代表的なのが、植民地政府はじめ権力の側から「コロルム」という蔑称でよばれた運動だった。運動は各地で散発的に起こり、それぞれ連携することはなかったが、熱烈なカトリック信仰、英雄崇拝、不死身の護符の信仰など、多くの共通点があった。町役場を襲い、土地台帳や課税簿を破壊するものもあったが、多くは容易に鎮圧された。

三〇年代になって農村不安がますます高まると、政治的にも組織的にも「コロルム」とは性格の違う右派民族主義のサクダル運動が、中部ルソン地方やマニラ周辺地域で広まった。運動を指導したベニグノ・ラモス*は、三〇年にタガログ語週刊新聞『サクダル（告発）』を発行し、アメリカの植民地体制、それに追随するフィリピンの寡頭政治家・地主の不正を真っ向から批判し、独立、農地改革、国語教育などを要求した。三三年にサクダル党を結成し、三四年の国

図39　貧窮化する農民（*The Independent*. 14 January 1922）
農民が苦労して開墾しても、土地登記をしなければ土地の所有はできなかった。背広姿の「横領者」は、「かれらが開墾し、耕し、改良した土地は、トーレンズ式土地登記をしたわたしのものになる」と言っている。

政選挙で上院議員二名、下院議員三名の候補者全員を当選させた。しかし、即時・絶対・完全独立のためには武力に訴えるしかないとして、三五年五月に数州で蜂起し、壊滅的な弾圧を受けた。

いっぽう、都市の労働組合運動は、二〇年代になると賃金労働者の増加と国際共産主義運動の思想的影響を受けて、組織的に強化された。一九年に労働局に登録された組合数三一および組合員数四万は、二四年にそれぞれ一四五および九万に増加した。農民運動では、一九年に最初の小作農組合が中部ルソン地方で結成され、フィリピン全国農民組合や労働者総同盟に発展した。

これらの労農組合を指導したのが、フィリピン社会党*であり、フィリピン共産党*であった。両党とも、農民、労働者の組合や団体の統合と組織化をすすめ、小作人の権利擁護、小作条件・労働条件の改善などを要求に掲げた。三八年には社会党と共産党が合同してフィリピン共産党を結成し、コミンテルンの方針にしたがって人民戦線戦術を採用した。

独立準備政府成立後も、不公平な税制・所得分配に手をつけることなく、自主財源に乏しい政府は、アメリカの援助に頼る国家運営をし、将来の独立とは裏腹に、ますますアメリカへの依存を強めた。国防についても、日本の侵略の脅威が高まるなか、独立準備政府最初の法案で国民皆兵制を施行したにもかかわらず、アメリカ頼りであった。結局、アメリカからの協力が充分に得られず、予算不足もあって、兵員も兵器も不足し、三八年に中立化を布告せざるをえな

ベニグノ・ラモス
一八九三～一九四五年。右派民族主義運動の指導者で、一九三四年末に日本に亡命し、武器調達を図った。三五年の蜂起時に日本から武器が届くとの噂が、フィリピンで広まった。三八年八月に帰国して、党名をガナップとした。日本占領下で対日協力し、戦争末期にマカピリ（愛国同志会）を結成して、一部の党員は日本軍とともに行動した。

フィリピン社会党
一九二九年設立とされるが、三二年や三三年説もある。三八年に共産党と合同したが、五四年に分裂した。

フィリピン共産党
一九三〇年八月に設立されたが、翌三一年九月に非合法化された。独立準備政府期の三七年一〇月に合法化され、政府と一定の協力関係を保った。その後、日本占領下での弾圧、独立後の親アメリカ政権による弾圧で衰退した。この親ソ連派の共産党とは区別される毛沢東派のフィリピン共産党が、六八年に結成された。

かった。

日本の三年八ヵ月におよぶフィリピン占領は、民間人一一一万余の死者▼（戦前人口一六〇〇万の約七％）と荒廃した国土を残した。三四年に成立した独立法に定められたとおり、四六年七月四日に共和国として独立したが、その日がアメリカの独立記念日であることからもわかるように、アメリカから与えられたもので、戦前に提示された条件より、さらにアメリカへの従属を強いられることになった。経済的には四六年にフィリピン通商法、軍事的には四七年に比米軍事基地協定などを締結して、事実上フィリピンの自主性は奪われた。

その後、親アメリカ路線の政権が続き、四年毎に直接選挙で選ばれる大統領制、二院制議会、三権分立の政治機構が維持され、二大政党が交互に政権につき、正副大統領の出身地でルソン島とビサヤ諸島の地域的バランスも保たれた。しかし、農村の社会不安は改善されず、四六〜五一年に中部ルソン地方を中心にフク団*の激しい武力闘争が続いた。フク団は、フィリピン共産党の支援を受け、地主制に加え、対米従属・反共体制に異議を唱えた。政府は、アメリカの後ろ盾を得て、徹底的に弾圧した。その後、六八年に新共産党が結成され、翌六九年にその軍事部門の新人民軍が組織された。また、南部のイスラーム教徒地域では、入植キリスト教徒との対立が激化し、七一年にイスラーム教徒の自治・独立を求める運動が起こった。ともに、今日まで反政府活動を続けている。

六五年に大統領に就任したマルコスは、七二年に共産主義勢力の「差し迫る

▼フィリピン政府は日本との賠償交渉にさいし、民間人死亡者数を一一一万一九三八名とした。

フク団
一九四二年に抗日を目的に結成された。正式名称の単語の頭をとってフクバラハップとよばれた。フク団は、その略称。フィリピン共産党のゲリラ軍であったため、コミンテルンの指導の下、反ファシスト統一戦線の枠内で活動した。常備軍二万、在郷軍二万、大衆基盤一〇〇万に支えられていたといわれる。独立後、名称を変えたが、略称は同じフク団。四六年八月ころから六四年五月ころまで、フィリピン共和国にたいする武装闘争をおこない、革命政府樹立をめざした。

脅威」を理由に戒厳令を施行し、解除した八一年以降も八六年まで独裁体制を維持した。八六年の二月政変*後、二大政党制は完全に崩壊し、政党の合従連衡、議員の党派変更が頻繁になった。貧富の差は解消せず、経済的にマレーシアやタイのような成長はみられず、主食である米の輸入量世界一という状況を、海外出稼ぎ労働者の本国への送金で補っている。

二月政変　「ピープル・パワー革命」ともよぶ。広範な大衆が非暴力による反政府運動を展開し、マルコス大統領による長期独裁政権を倒した。マルコス大統領はアメリカに亡命し、八九年に死亡した。

7　まとめ

　第一次世界大戦後、東南アジア各国・地域で近代学校教育が普及し、植民地行政に必要な人材が育っていった。また、ヨーロッパに留学するエリートも増え、民主的な国家像が具体的にイメージされ、運動も組織化されるようになった。しかし、植民地支配を受けた本国の言語や制度がまちまちであったことから、それぞれが植民地支配を受けた領域が、民族運動の基本的地域となった。共産主義勢力の活動も、それぞれの民族運動の活動地域と重なるようになった。

　いっぽう、輸出入経済の発展から、ビルマ、ベトナム、シャム（タイ）の米は東・東南・南アジア地域に広く流通し、砂糖やゴム、錫などは世界市場をにらんだ取り引きがされた。硬質繊維市場をほぼ独占していたマニラ麻などを含め、これらはそれぞれの国・地域の戦略物資となることが大戦で明らかになった。そして、二九年の世界大恐慌を発端とする経済的危機のなかで、さらに明確に経済ナショナリズムが必要であることが認識されるようになった。砂糖など欧米市場に依存するオランダ領東インド、イギリス領マラヤ、アメリカ領フィリピンで経済回復が遅れたのにたいして、アジア市場に米を輸出していたフランス領インドシナやシャムは回復力が早かった。そして、大恐慌後、アメリカや日本との貿易比率が高くなり、欧米資本の直営プランテーションから現地の小農による生産へと移行していった。

第二次世界大戦を経て、国によって時期や犠牲の程度はさまざまであったが、それぞれの植民地の領域・体制を基本に独立を達成した。だが、たんに欧米の近代国家をまねただけではなかった。ベトナム戦争で「マンダラ国家」のゲリラ戦が近代的フランス軍やアメリカ軍に勝利したことが端的に示すように、それぞれの基層社会が人びとを動かす原動力であり、近代的組織のなかで温存された。そのため、それぞれの国で「マンダラ国家」から国民国家への形成時に残された問題が、なにかの拍子に顔を出して、内外の紛争に発展することがあった。たとえば、タイは経済力を背景に政治的発言が大きくなった実業界、クーデタを繰り返す軍、君主主義者、都市市民・労働者、地方の農民などのグループがせめぎあっている。南部のムラユ人イスラーム教徒の反体制運動や、カンボジアとの世界遺産プレア・ヴィヒア寺院をめぐる国境紛争は、タイの「失地」がタイ側の一方的な主張であることを物語っている。

フランス領インドシナは、ベトナム、カンボジア、ラオスの三ヵ国に分かれて独立した。ベトナムは南北に分断され、カンボジアとラオスは内戦で苦しんだ。七五年のベトナム戦争終結後、七八年にベトナムはカンボジアに軍事侵攻し、七九年には中越戦争*が勃発した。いずれも歴史的帰結としての三ヵ国の独立に納得のいかないものが、原因のひとつとなっている。しかし、その後、三ヵ国を基本とした内政・外交がおこなわれるようになる。ベトナムは八六年に提起されたドイモイ*（刷新）政策の下で市場経済化をすすめ、九五年にアセアンに加盟した。ラオスは九七年、カンボジアは九九年にそれぞれアセアンに加盟した。

イギリス領ビルマは、イギリス帝国とインド帝国の二重の帝国の影響を受けたが、両方の帝国から距離をおくかたちで独立を達成した。ビルマ式社会主義国家をめざしたが、軍が実権を握り、国家を指導する体制が続いている。何度かの民主化への試みも、軍の弾圧によって失敗に終わった。軍事政権は八九年に国名をミャンマー連邦（二〇一〇年からミャンマー連邦共和国）に改め、二〇〇五年には首都をネイピードーに移転した。一九九七年のアセアン加盟後、協同歩調がとれないでいたが、基本的にミャンマーを擁護するアセアンの姿勢もあって、民主化への動きがみられるようになってきている。

イギリス領マラヤは、マレーシアとシンガポールに分かれて独立したが、ともに特定の政党が政権を握り、独裁を続けている。近年、民主化の動きがみられるようになってきている。マレーシアは、半島部とボルネオ島北西部のサバ

中越戦争
カンボジアの極左ポル・ポト政権を打倒したベトナムにたいし、一九七九年二月一七日に中国軍が「懲罰」と称して侵攻した。ベトナムの地方軍やゲリラとのあいだで一ヵ月間戦闘が続いた。八〇年代半ばまで、断続的に和平交渉がおこなわれるいっぽうで、国境では散発的な武力衝突が続いた。

ドイモイ
一九八六年に採択された新路線。従来からの一党支配体制を堅持しつつ、統制的計画経済を市場原理に基づいた経済体制に転換する経済改革の側面と、近隣諸国や資本主義諸国、国際機関との関係を修復、拡大する対外開放の側面とが存在する。この二つの側面は、相互補完的である。九一年のカンボジア和平協定調印、中国との関係修復、九五年のアメリカとの国交正常化、アセアン加盟を経て、経済成長の軌道に乗った。

州、サラワク州からなり、サバ州とサラワク州は独自性を保っている。八四年に独立したブルネイは、豊富な石油、天然ガスに恵まれ、国王は世界有数の大富豪で、国民の所得税負担はなく、社会保障も完備している。

インドネシアは、建国五原則を国是としながら、世界一のイスラーム教徒人口を抱えることから、信教の自由を守ることはそれほどたやすいことではない。イスラーム信仰心にも地域差があり、キリスト教徒が多数を占める地域もある。しかし、近年の政治的安定によって、豊富な人口と資源を武器に、中国、インドのあとを追うアジア第三の大国へと成長する期待が高まっている。二〇〇二年に独立した東ティモール民主共和国は、外国支配、内戦で荒廃した国土、社会から復興し、自立した国家の建設をめざしている。

フィリピンは、第一次世界大戦後、宗主国アメリカが世界の超大国になり、文化的にも世界中に影響を与えるようになるなかで、世界的な流れとアメリカ植民地支配の影響との区別がつかなくなった。そして、それはアメリカとつながる首都マニラに一極集中することを意味し、全国規模でのナショナリズムの発展を阻害した。優秀な人材がアメリカに流出し、グローバル化の進展とともに世界各地へ出稼ぎ労働者を排出することになった。

このように近代国民国家を形成した東南アジアの国ぐにには、それぞれ近代化に対応して強固な国家をつくることに成功して経済発展をする国もあれば、失敗して取り残された国もある。社会主義という別の道を歩みながら、転換して市場経済社会のなかで成長している国もある。それぞれの国の成功・失敗、今日の問題をみていくと、その基本に近代化以前の社会からどのようにして近代国民国家を形成していったかがあることに気づく。そして、その大きな転機のひとつとなったのが、第一次世界大戦であった。

第4章 歴史教科書のなかの第一次世界大戦

フランス社会党大会でのグエン・アイ・クオック、のちのホー・チ・ミン（1920年12月）。グエン・アイ・クオックは1919年初頭にフランス社会党に加わり、そこで労働者階級の革命運動と植民地の民族解放運動の連帯を説くレーニンの議論に感動して、国際共産主義運動に加わった。1920年に社会党から分離したフランス共産党に、翌年入党して、23年にソ連に渡り、コミンテルンのアジア問題専門家になった。

これまでみてきたように、第一次世界大戦は東南アジア各国にとって重要な転機のひとつでありながら、あまり具体的に研究されず、また東南アジア全体を見渡してその影響を考察したものがなかったために、東南アジア史のなかで充分に位置づけられることがなかった。いっぽう、東南アジアの国ぐにに限らず、どこの国においてもいえることだが、歴史教育は研究成果に基づいておこなわれるとは限らない。ここでは、これまでにわかった事実を念頭におきながら、それぞれの国の歴史教育で第一次世界大戦がどのように語られているかを理解することによって、今日のそれぞれの国の歴史認識を考えることにする。まずは、世界的な把握から主戦場となったヨーロッパ、近隣の東アジア諸国（日本、中国、韓国）のものを概観した後、東南アジア各国のものをみていく。▼

▼本書で扱った歴史教科書は、日本語に翻訳されたものに限られたため、それぞれの国を代表するものではないものが含まれているかもしれない。また、日本の教科書において世界史と日本史とで違うように、世界史を意識して書かれたものと自国史中心に書かれたものとでは違うため、単純に比較することはできない。第二次世界大戦を含めた世界史認識については、拙稿「2つの世界大戦、東西さまざまな世界史認識：覚え書き」（名古屋大学大学院国際開発研究科GSIDディスカッションペーパー、二〇一二年）を参照。

1　ヨーロッパ

「国籍の異なる12名のヨーロッパ人歴史家たちが何度も討議を重ね、その上で共同執筆されたヨーロッパ史の教科書」である『ヨーロッパの歴史　第2版』（ドルーシュ編）では、つぎのように総括している。

第1次世界大戦は、一つの時代の終焉を画するものであった。見るからに堅固で不動のものと思われていたすべてが、再検討の必要に迫られた。むしろそれどころか、すでに消滅していることが白日の下にさらされたのである。まさにこのとき、ヨーロッパ列強は世界の覇権を失ったのである。人々の目は今後、ワシントンとモスクワの方へ向けられることになる。［三二七頁］

そして、ヨーロッパ史にとって重要だったのは、第一次世界大戦と第二次世界大戦の連続性である。そのため、第一次世界大戦後の歴史叙述は、「未解決の問題」が重視されることになった。

第一次世界大戦は、当初たんにヨーロッパ内で大戦争とよばれ、ヨーロッパ外でヨーロッパ大戦とよばれたように、基本的に戦場はヨーロッパであった。にもかかわらず、ヨーロッパ列強が、アフリカやアジア各地に進出していたために、世界中のヒトやモノを巻き込み、戦場とならなかった国・地域を含め、その影響は世界規模で及んだことから世界大戦とよぶにふさわしい戦争になった。そして、このことは世界共通の「世界観」や世界中に波及する「世界性」を考える必要性をもたらした。

しかし、ヨーロッパの人びとにとって、具体的な問題は中欧*などの民族問題と絡む領土問題であり、ユダヤ人の問題であった。『ヨーロッパの歴史　第2版』では、大戦に関連したアジアなどヨーロッパ外のことはほとんど書かれていない。ヨーロッパの人びとにとっては、あくまでもヨーロッパ世界の大戦争だった（図40）。

中欧
ヨーロッパの歴史教科書では、第一次世界大戦に関連して「中欧」という地域名が何度も出てくるが、日本人には馴染みがない。「民族問題」とは、この中央ヨーロッパの多民族社会を念頭においたもので、大戦中の一五年にドイツの政治家ナウマンが『中欧論』で、中欧諸民族の連合、ドイツ統制経済の全中欧への拡大を説いた。また、ユダヤ人人口は、ドイツ以東に大きく偏り、中欧に多く分布していた。

いっぽう、文化という面では、ヨーロッパの旧秩序が支配的な文化から、とくにアメリカの大衆文化をとりいれたものへと、世界観が変わったということができる。そして、その新たな世界観は、戦後世界中に広まっていった。そう考えると、従来の地理的な世界規模の大戦争というだけでなく、時代の転換点としての「世界観」の大変革の戦争であったことがわかってくる。そして、第一次世界大戦の未完の変革が、第二次世界大戦によって達成されたということになる。したがって、ヨーロッパにとっ

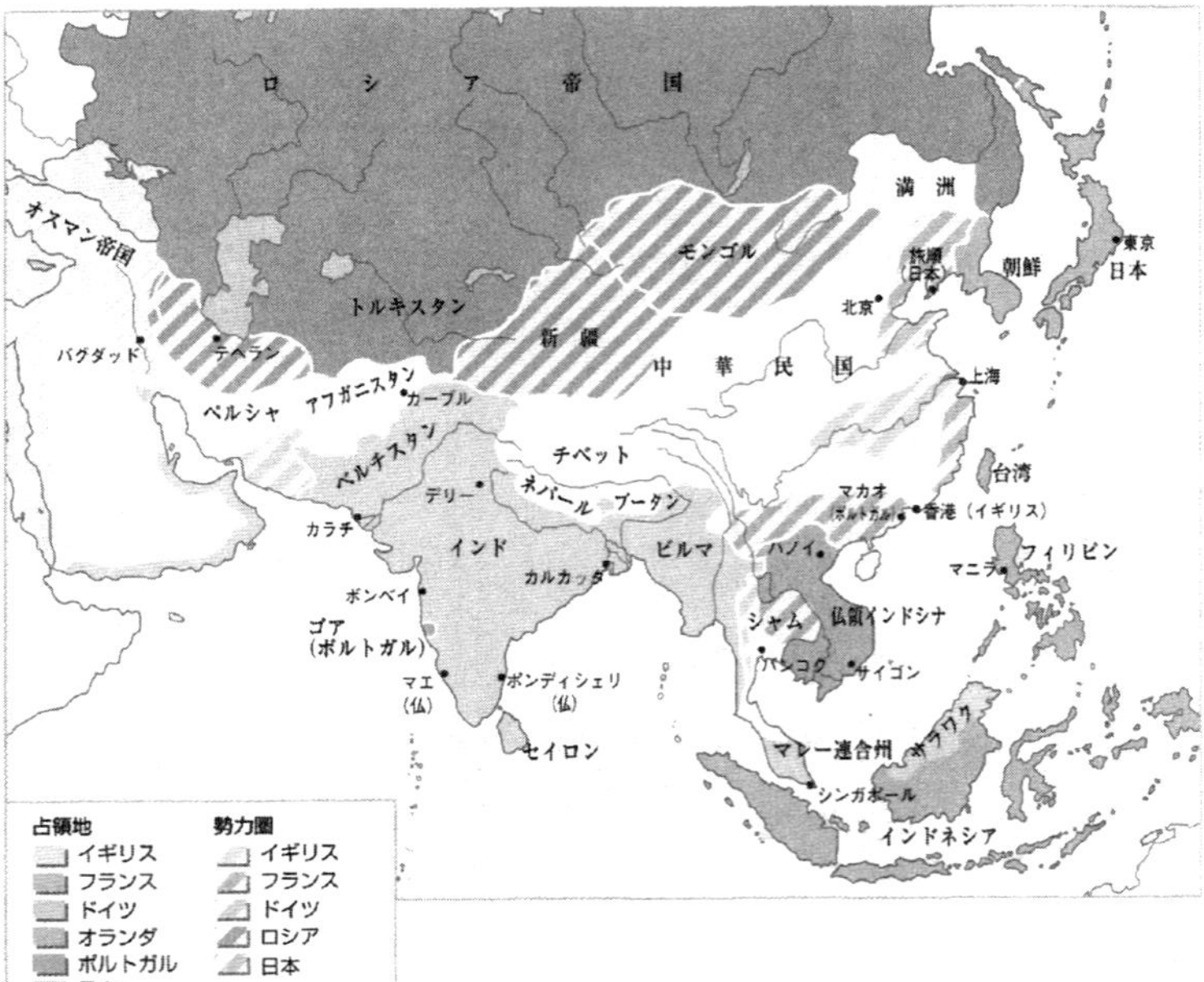

図40　イタリアの高校歴史教科書に掲載の「1914年のアジア」

『イタリアの歴史【現代史】―イタリア高校歴史教科書』（ロザリオ・ヴィッラリ著、村上義和・阪上眞千子訳、明石書店、2008年）の冒頭の「歴史地図」の１枚として、掲載されている。同様の地図が『ドイツの歴史【現代史】―ドイツ高校歴史教科書』（ヴォルフガング・イエーガーほか編著、中尾光延監訳、明石書店、2006年）にもある。

ては、第二次世界大戦の問題は、大方第一次世界大戦を考えることでかたづいてしまう性格のものであるということになる。しかし、アジアでは、そうではなかった。

もうひとつ考えなければならないのは、社会主義国家の成立である。このことは、たんなる一国家一地域の「世界観」の変革ではなく、世界中を巻き込み、とくにアジアでは民族運動と結びついていった。しかし、ヨーロッパにとって大きな問題のひとつであったユダヤ人にかんしては、アジアではほとんど関心がなかった。

2　日　本

日本の教科書『詳説日本史』（石井進ほか著）をみると、「第10章　近代日本とアジア」「①第一次世界大戦と日本」「②ワシントン体制」で、戦中、戦後の日本を中心としたアジア情勢が説明されている［二九五〜三一一頁］。ヨーロッパ世界については、基本的な戦況と国際政治が中心で、ヨーロッパの世界観が変わる大変革については、まったく記述されていない。また、第一次世界大戦と第二次世界大戦の連続性については、ほとんど感じられない。

いっぽう、『詳説世界史』（佐藤次高ほか著）は、連続性を意識して、「第15章　二つの世界大戦」で、まず全体を概観し、「大戦の結果」として、つぎのように記している［ふりがなは省略］。

第一次世界大戦は、植民地・従属地域をめぐる列強間の帝国主義的な対立を背景に、イギリスとドイツの覇権争いからはじまった。しかし、大戦が長期の総力戦になって、参戦各国に大きな社会変動と国民の意識の変化をもたらすと、古い政治体制や、自由主義的な社会・経済政策は根底からゆらいだ。ヨーロッパ列強は、領土や利権配分を中心とする秘密外交からぬけだせなかったが、**ソヴィエト＝ロシア**や**アメリカ合衆国**は新しい戦後の**国際秩序の理念**を提唱して、人びとの期待を集めた。大戦の結果、国民多数の合意にもとづく政治が主流になり、国家が強い力で経済に介入し、社会政策を指導する傾向が強くなった。また、大戦による破壊と多数の人命の損失は、ヨーロッパ中心主義の考え方や、歴史の進歩観、近代科学や技術への楽観的信頼をゆるがし、アジア・アフリカの植民地の人びとの自立への自覚と期待も高めた。［三〇一〜〇二頁］

ここでは、「大きな社会変動と国民の意識の変化をもたらすと、古い政治体制や、自由主義的な社会・経済政策は根底からゆらいだ」と述べられているが、具体的な説明がないため、どのようなことなのかよくわからない。

3　中　国

中国高等学校歴史教科書『中国の歴史』（人民教育出版社歴史室編著）では、第一次世界大戦のヨーロッパ戦線についてはまったく語られず、もっぱら日本の侵略、支配の強化の契機になったことが、つぎのように書かれている。「欧州列強は東方を省みるいとまなく、日本が機に乗じて侵略を強化し、中国を独占しようと企てた。1914年秋、日本は兵を派遣して中国山東に侵入し、ドイツの山東における侵略的地位に取って代わろうとした。」また、経済的には「中国の資本主義はより前進した。ブルジョア階級は中国で民主政治が実行され、さらにいっそう資本主義が発展することを強く求めた」と書かれ、「日本は経済上中国に対する侵略を強化したが、その中で紡績業が最も突出していた」とある〔四九八、五三二、五三九頁〕。

そして、「第5章　新文化運動と中国共産党の誕生」の冒頭で、つぎのように概略を説明している。

> 第一次世界大戦の間、主要な帝国主義国家はすべてこの大規模な略奪戦争に加わり、大戦が終結した後、それらの国家は再び世界を分割しようと企てた。レーニンの指導の下、ロシアでは十月社会主義革命が勃発し、社会主義国家を建設し

た。それは全世界の労働者人民と被圧迫民族に革命の道を指し示した。

近代に入った中国は辛亥革命を経過した後、依然として封建的軍閥統治の反植民地半封建社会にあった。ロシア十月社会主義革命は中国にマルクス主義をもたらした。先進的中国人は中華を振興し真っ暗な旧中国を改造するために、また新たな道を探し始めた。

第一次世界大戦後の帝国主義の盗品を分ける会議は中国の主権を犯し、中国人民の怒りを引き起こし、反帝反封建の五四運動が勃発した。これより、中国近代史は新民主主義革命の時期に入った。

五四運動以後、偉大な中国共産党が誕生した。中国革命の様相はこれによってすっかり新しくなった。［五三一頁］

こうした政治、経済、思想文化面を背景に、新文化運動が起こった。とくに、ロシア十月革命の影響が大きかったことを説明し、つぎのように結んでいる。

新文化運動は国内外に巨大な影響を生んだ。封建思想の統治的地位は動揺し、人々の思想は空前の解放を獲得した。中国の知識人は運動の中で、民主と科学の洗礼を受け、民主と科学の思想が広く高まり、中国の自然科学の発展を推し進めた。五四運動の勃発に対して宣伝と働きかけの役割を引き起こした。後期に伝播した社会主義思想は中国の先進的知識人に受け入れられ、国家を救い、社会を改

造するための思想的武器となった。［五三六頁］

新文化運動の具体的な時期や内容が語られず、中国共産党が東南アジア各地に影響したことも書かれていない。本書でこれまで述べてきたように、中国は東南アジアに多大な影響を与えてきたが、中国のナショナル・ヒストリーのなかで語られることはない。東南アジアとの関係史が教科書で書かれないのは、日本も同じである。

4　韓　国

『韓国近現代の歴史』（韓哲昊ほか著）では、第一次世界大戦にかんするまとまった記述はなく、簡単ながらもヨーロッパ情勢や日本の中国への二十一ヵ条要求、日本の米騒動など、より広い世界のなかで朝鮮の歴史が描かれている。また、ウィルソンの唱えた民族自決主義に期待した様子を、つぎのように記述している。「わが民族が独立のために努力しているとき、独立の希望をもたらすニュースが聞こえてきた。第1次世界大戦終結後の問題を処理するために開かれたパリ講和会議を前にして、アメリカ大統領ウィルソンが、各民族の運命はその民族が自ら決めるべきだという民族自決主義を唱えたのである。民族指導者はこのような国際情勢の変化を利用して、独立運動を起こそうとした。」そして、一九年の二・八独立宣言書の決議文の一部が、つぎのように引用されている。「われわれはパリ講和会議に民族自決主義をわが民族にも適用することを要求する。このために各国の駐日大使にわれわれの意向を各国政府に伝達することを要求し、同時に委員3人をパリ講和会議に派遣する」〔一六〇頁〕。

しかし、民族自決主義は、ヨーロッパ世界、とくに中央ヨーロッパを念頭においたもので、朝鮮などヨーロッパ外には適用されなかった。その理由は、つぎのように説明されている。「日本は第1次世界大戦に連合国として参加して戦勝国の地位にあった。そのため、わが民族は民族自決主義の原則の適用対象から除外された」〔一六一頁〕。

5　ベトナム

ベトナム中学校歴史教科書『ベトナムの歴史』（ファン・ゴク・リエン監修）は、第一部世界史と第二部ベトナム史に分かれている。「8年生の歴史」では、第一部世界史で「19世紀末から20世紀初め、帝国主義諸国間の発展の不均衡が、第一次世界大戦を引き起こした。この戦争は4年間続き、甚大な被害をもたらした」と課の概略を示した後、ヨーロッパでの大戦の原因、経過、結末を説明している。さらに、第二部ベトナム史の「第一次世界大戦中の愛国運動（1914～1918年）」で、「1．戦時中のフランス植民地主義の対インドシナ政策」「2．フエの蜂起（1916年）、タイグエンの兵士と政治犯による蜂起（1917年）」「3．救国の道を求めて出国した後の阮必成《グエン・タト・タイン》の活動」の三つに分けて、具体的に説明している［四一〇～一四、五〇四～〇七頁］。

1．は、つぎのように書かれている。▼

1914年8月1日、第一次世界大戦が勃発した。フランス植民地主義は、帝国の戦争に奉仕するため、インドシナの人材や資源の最大限の活用を推し進めた。インドシナから出された傭兵は、フランスが持つすべての植民地から来た傭兵の4分の1を占めていた。ベトナムの農家で稲作を中心にしていた地域では、戦争に奉仕する工芸作物であるトウゴマ、豆、落花生などに転作させられた。なかでも特に拡大したのはゴムであった。農民を強制的に兵士として徴用したことと稲作面積が縮小したことは、農村の生産量を減少させ、農民の生活の苦しさを増大させた。数万トンにも及ぶベトナムの稀少金属がフランス植民地主義によって掘削された。かれらは戦費とするため人民に公債の購入を強要した。

2．では、まず一六年に「フランスがヨーロッパの戦場に送るために強制的な徴兵を行ったのを受けて」蜂起しようとしたものの、事前に発覚し、指導者は死刑に処され、皇帝はアフリカ（インド洋）に流刑されたことが書かれている。つぎに、一七年に政治犯と協力して、兵士が蜂起し、一週間にわたって省

▼一九一四年八月一日は、ドイツがロシアに宣戦布告した日で、ロシア史の影響のために八月一日を第一次世界大戦勃発の日としたものと思われる。ベトナムが当時フランスの植民地であったことを考えれば、ドイツがフランスに宣戦布告した八月三日とすることも、フランスが参戦した翌四日とすることも考えられる。第一部世界史では、七月二八日に「オーストリア・ハンガリーは連合国を支援するセルビアに宣戦布告した」、八月四日に「イギリスがドイツに宣戦布告した」とも書かれている。植民地からの兵士は一般に五八万七四五〇人とされているが、二三万四〇〇〇という記述もある。「傭兵」に含まれる兵士の数は、はっきりしない。第2章で述べたとおり、インドシナからは約五万であった。

都を占拠したが、フランスの援軍によって省都から撤退させられ、山岳地方で五ヵ月近くにわたって戦闘を続けた勇敢さを讃えている。最後に、ほかにも、おもに「少数民族同胞の住む中部高原地方でも反仏闘争が勃発した」と説明を加えている。

3．では、一八九〇年生まれの阮必成が、新たな救国の道を求めて一九一一年から六年間フランス商船で世界を遍歴し、大戦中の一七年にフランスにたどり着き、愛国ベトナム人会に参加してベトナム革命のために宣伝をおこない、ロシア十月革命の影響を受けて思想がしだいに変化していったことを伝えている。そして、「彼の愛国的発動はまだ始まったばかりだったが、ベトナム民族の正しい救国の道を彼が確定するための重要な条件となった」と結んでいる。

「9年生の歴史」第二部ベトナム史では、戦後のことが三課にわたって、具体的に説明されている（図41）。それぞれの課の冒頭の要旨は、つぎの通りである。「第14課　第一次世界大戦後のベトナム」「第一次世界大戦後、ベトナムにおけるフランス植民地主義による第二次開発によって、ベトナムの経済、社会、文化、教育が大きく変化した」、「第15課　第一次世界大戦後のベトナム革命運動（1919～

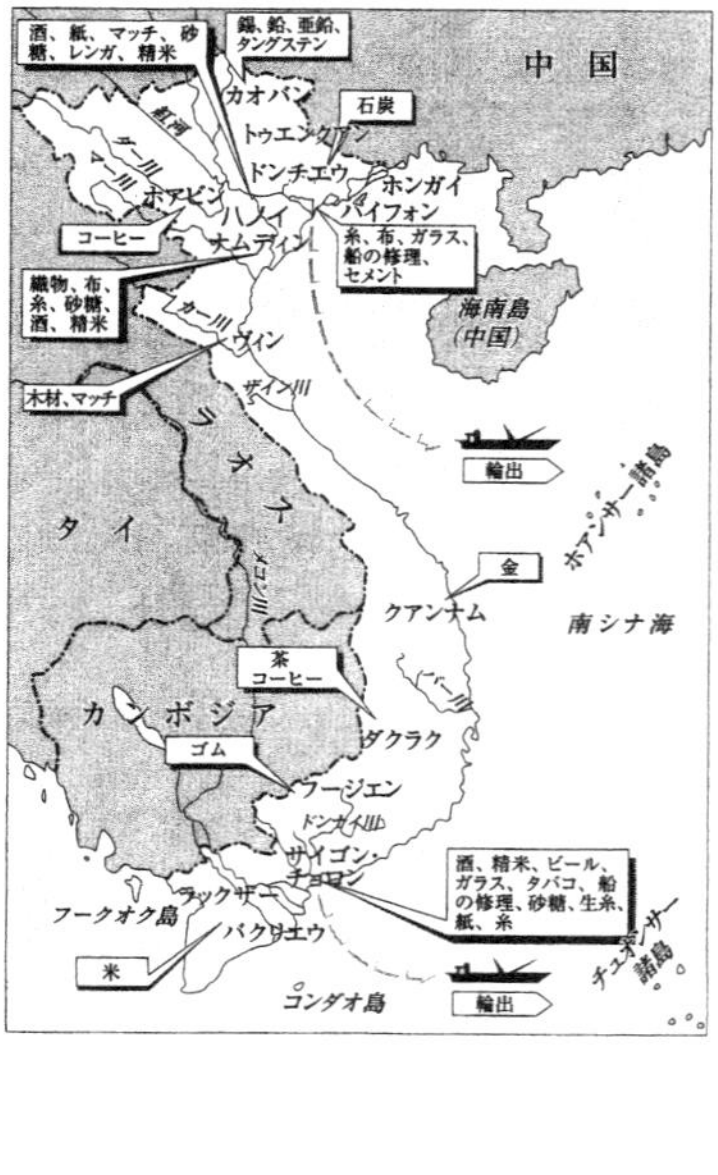

図41　フランス植民地主義による第二次開発

大戦後の「第二次開発」は、つぎのように説明されている。「フランス独占資本は、国内の勤労人民の搾取を強化すると同時に、植民地開発を推進し、戦争による損失を埋め合わせようとした。第二次開発はインドシナにおいて直ちに実施された。」

1925年）」「ロシア十月革命と世界の革命運動がベトナムにも影響を及ぼし、戦後における公開の民族民主運動と労働者運動の発展を促した」、「第16課　1919～1925年の海外におけるグエン・アイ・クオクの活動」「フランスとソ連における活動期間を経て、グエン・アイ・クオクは中国に戻り、ベトナム革命青年会を設立し、ベトナム労働者運動の新しい発展期を開いた」〔五九五～六〇八頁〕。

ベトナムでも中国同様、のちに共産主義勢力が革命に成功し、今日にいたっていることから、逆算して第一次世界大戦を民族運動、革命運動にとって大きな契機であったとして語られている。歴史観についても、ソ連と友好関係にあった時代のものが踏襲されているのかもしれない。また、国民統合のため、キン人以外の山地民も一体となっていたことが記述されている。

6　タイ

タイの高校社会科教科書『タイの歴史』（チャーンウィットほか著）で、第一次世界大戦は「要因」「経過」「もたらしたもの」に分けて概略が書かれ、ヴェルサイユ条約によって、「ドイツは大きな損失を強いられ、次の第2次大戦へと導く要因となった」と結んだ後、タイとのかかわりをつぎのように説明している▼。

▼第2章で述べたように、戦後、不平等条約の解消にまず成功したのは敗戦国の同盟国側で、協商側（連合国側）のイギリス、フランス、ロシアとはなかなか交渉がすすまず、一九三七年までかかった。

タイについては、大戦の初期、領土の安全と安定のために、ラーマ6世が中立政策を宣言した。これは、戦闘地域がヨーロッパに限定されていたからであった。1917年7月22日、タイは同盟側に宣戦布告した。この参戦によって、タイは同盟国がタイ国内で保持していた治外法権を撤廃させることに成功し、戦争賠償金も手に入れた。さらにパリ和平条約の調印国に名を連ねることができ、国際連盟の加盟国にもなった。こうして、協商国と結んでいた不平等条約を解消することもできたのであった［三〇〇〜三〇一頁］。

7　そのほか

二〇〇四年のカリキュラムに基づいて編纂され、各種あるインドネシアの歴史教科書のなかでもっとも多く採択され、出版部数も多いインドネシア高校歴史教科書『インドネシアの歴史』（イ・ワヤン・バドリカ著）では、「第一次大戦後ナショナリズムが高まり、……」と「第一次世界大戦終了後、オランダに留学する新世代のインドネシア学生の数がますます増えた」［一八六、二一〇頁］という記述があるだけで具体的なことはなにも書かれていない。

フィリピンの高校歴史教科書で、第一次世界大戦がとりあげられることは、まったくといっていいほどない。大学で広く教科書として使われているコンスタンティーノ著『フィリピン民衆の歴史』でも、「組合組織化の促進は、第一次世界大戦が僅かにかつ一時的に産業を活溌にしたのが要因となっている」という記述が見いだされるくらいである［五二〇頁］。アメリカの植民地であったフィリピンでは、大戦後のアメリカの影響が世界レベルで起こっていることに気づかなかったためだろう。

シンガポール国立博物館は記録と証言を中心に歴史を語らせているが、第一次世界大戦にかんするものはなにもない。同じく歴史と文化を展示しているセントーサ島のイメージ・オブ・シンガポール館▼にもなにもなく、軍訓練施設の一角にある体験型テーマパーク、ディスカバリー・センターに隣接している軍事博物館の展示は一九六五年の独立後のものしかない。クアラルンプルの国立博物館の歴史展示は、二〇〇七年に閉館した国立歴史博物館のものを引き継いでいるが、第一次世界大戦にかんするものはなにもない。

▼イメージ・オブ・シンガポール館は、かつては「戦争博物館」ともよばれ、展示の多くが日本占領期のものであったが、いま（二〇一一年一一月）は一コーナーしかなく、唯一の映像では日本軍の攻撃で逃げ惑う都市住民や、生き埋めにされている人びとなどが映し出されている。

8　まとめ

このように、それぞれの国で歴史教育がなにを目的とし、どのような内容に重点をおいているか、また就学率や進学率によっても、学校教育における歴史教育の位置づけ、内容は大きく変わってくる。東南アジアでは、ベトナムとタイが第一次世界大戦中の出来事と、戦後の影響について独立した課を立てている。ベトナムは、フランス植民地支配、さらにアメリカ帝国主義との戦いを、共産党中心に勝ち取ったことから、植民地支配による搾取と共産党の貢献を強調する内容になっている。だが、中国やカンボジア、タイなど近隣諸国との関係については書かれていない。タイは、もっぱら不平等条約を改正し、「失地」回復のために、大戦を利用しようとした。ほかの国ぐにでは、第二次世界大戦中の日本の占領の影響があまりにも強く、第一次世界大戦は歴史の後景でしかないようだ。

おわりに

一九世紀後半から本格的にはじまる欧米による東南アジアの近代植民地化は、第一次世界大戦勃発までにひとまず「完成」した。シャムも「領域」の半分を失いながら独立を保ち、近代化していった。それまで王のカリスマ性などによって伸縮した領域は、国境線で区切られ、近代的な常備軍がその領域を守り、中央集権的な行政機構がしだいに影響力を強化して一定の税収を確保するようになっていった。経済開発は、人びとを開拓地や都市に誘い、賃金労働者が増加した。しかし、その植民地化の過程は、それぞれの植民地国家で、時期も深度も違っていた。そのため、植民地領域が、大戦後の民族運動のなかで、将来の独立国家の領域として当然視されようになり、今日にいたっている。

東南アジアにおける植民地経済は、海域部と大陸部で異なった型のモノカルチャー経済が発展した。海域部はプランテーションを基盤に、インドネシアは砂糖、コーヒー、フィリピンはマニラ麻、ココナツ製品、砂糖、マラヤは錫、ゴムなどの工業用原料や嗜好品を輸出し、主食である米が自給できなくなって輸入するようになった。その輸入元が大陸部で、ベトナム、タイ、ビルマのデルタ地帯で稲作が発展し、中国などにも輸出した。労働力は周辺地域からだけでは不足し、中国やインドから補った。投資を担ったのはおもに植民地宗主国で、投資先は農業と鉱業だった。海運はイギリスなど欧米が支配的であったが、日本も参入した。国内流通、貿易、金融には華僑・中国商人、印僑・インド商人が進出し、大戦後日本人が加わった。

かつて東南アジア史研究は、第一次世界大戦を契機とする民族運動を経て独立を勝ちとった成功の物語として、それぞれの国民国家の歴史を語ってきた。民族運動を率いたのは、近代教育を受け、植民地支配の構造を引き継いだ者たちだった。国民統合の結果、マイノリティとされた人びとは同化を余儀なくさせられるか、二級国民とされ、その個々のマイノリティも統合されて独自の文化・社会を失ったマイノリティのなかのマイノリティも無数に存在する。しかし、グローバル化のなかで、国・地域のそれぞれの独自性を認める多文化共生の理解が求められるようになった今日、国家建設のときから東南アジアの各国で唱えられた「多様性のなかの統一」を見直す時期にきている。それは、「多様性のなかの統一」としての国家を形成・維持しながら、統合のために犠牲にしたり、無視・軽視してきた地域や人びとを、歴史的にどう理解するかである。

現在、ミャンマーは八つの主要民族にまとめ、中央のビルマ民族を七管区、そのほかの民族を七州に行政区分している。七州では、それぞれの民族文化が推奨されるいっぽうで、一三五の民族集団が公式に認定されている。ベトナムでは、五四の民族が公認され、キン以外の人口は総人口の一三％を占める。そのほかの東南アジア各国の高地や離島などにも、固有の歴史と文化をもつ多数の「少数民族」が存在し、とくに大陸部の高地には「マンダラ国家」的空間を維持している社会がある。

ひとりの執筆者が、東南アジア全体の歴史を書くことのメリットは、ナショナル・ヒストリーのなかで語られてきた、あるいは語られなかった歴史を、より広い視野で複眼的にみることができるということだろう。たとえばタイ史のなかで「失地」とされた地域は、タイだけでなく周辺の国ぐににとっても「失地」になる可能性があった地域であり、あるいは別の国家が形成されても不思議ではない地域であったことが、本書からわかるだろう。

だが、第一次世界大戦の影響は、ひとりではとても語ることができない広がりと奥深さをもっている。一九一五年二月一五日にシンガポールで起こったインド兵の反乱について報ずる日本の新聞の同じ頁に、日本が中国に突きつけた二十一ヵ条要求の交渉やそれが波及した日貨排斥（日本商品ボイコット）の記事がある。▼桑島昭は、「日本の青島占領とシンガポールにおけるインド兵の反乱の鎮圧とは相互補完の関係にあった」と述べ、さらに二十一ヵ条要求、日貨排斥、駒形丸事件*、シンガポールのインド兵の反乱、そして二人のインド人革命

▼一九一五年二月二〇日の『東京毎日新聞』では、日本がアメリカからフィリピンを買収するという「比律賓買収」を論じている。

駒形丸事件
一九一四年九月一六日にシンガポール沖に到着した駒形丸は、接岸を許可されず、一九日にシンガポールを離れた。船客は香港から職を求めてカナダに向かったインド人シク教徒で、カナダの移民政策によってバンクーヴァーで下船を拒否され、インドに強制的に送り返される途中だった。さらに、二六日カルカッタに留まることを許されず、出身地のパンジャーブに強制送還されようとしたところ、発砲事件が起き、約二〇名の死者を出した。

家▼にたいする日本政府の国外退去命令を一連の事件として理解する必要があると説いている。これまで日中関係として語られてきた歴史を、南アジアや東南アジアも視野に入れることによって、日英関係を軸とした新たな国際関係がみえ、「1915年という年は、日中関係にとってのみならず、日本とシンガポール、日本とインドとの関係の歴史における転換点に立つ年であった」ことがわかってくるというのである。また、反乱に加わらず恐怖でジャングルに逃れたインド兵や送金に頼っていたインド兵の家族に思いをはせることによって、新たな世界大戦観がみえてくるという。

このほかにも、本書を通して、東南アジアが東アジアや南アジアと歴史的に深いかかわりがあり、植民地宗主国とだけでなく広くほかのヨーロッパ諸国・地域、アメリカ合衆国、日本ともかかわりがあったことがわかる。また、海域部を中心にイスラーム諸国・地域ともかかわりがあった。しかし、世界史やヨーロッパ史、アメリカ史、イスラーム史、東アジア史、南アジア史、日本史などのなかで、東南アジアが語られることはほとんどない。これらの歴史のなかで東南アジアを語ることによって、それぞれの歴史はより広い視野で、より深く考察できるようになるだろう。第一次世界大戦についても、東南アジアを考察に加えることで、その「世界性」や「現代性」の一端が、より明らかになってくることを期待したい。

▼当時タクールとよばれていたラーシュ・ビハーリー・ボースとH・L・グプタ（またはガプタ）。ボースはその後四ヵ月間新宿中村屋に匿われていたことから、「中村屋のボース」として知られることになった。頭山満などの働きかけもあって、日本政府は命令を撤回した。

参考文献

イ・ワヤン・バドリカ（石井和子監訳）『インドネシアの歴史』明石書店、二〇〇八年。

池端雪浦（編）『新版世界各国史6　東南アジア史Ⅱ　島嶼部』山川出版社、一九九九年。

池端雪浦ほか（編）『岩波講座　東南アジア史』全九巻、二〇〇一〜〇二年。

石井進ほか『詳説日本史　改訂版』山川出版社、二〇一〇年。

石井米雄・桜井由躬雄『東南アジア世界の形成』講談社、一九八五年。

石井米雄・桜井由躬雄（編）『新版世界各国史5　東南アジア史Ⅰ　大陸部』山川出版社、一九九九年。

石井米雄・吉川利治（編）『タイの事典』同朋舎、一九九三年。

伊東利勝（編）『ミャンマー概説』めこん、二〇一一年。

植村泰夫「第一次世界大戦期蘭領インドの船腹不足問題研究序説」『史学研究』二七二、二〇一一年、一〜二九頁。

柿崎一郎『物語タイの歴史　微笑みの国の真実』中公新書、二〇〇七年。

韓哲昊・金基承・金仁基・趙王鎬（三橋広夫訳）『韓国近現代の歴史　検定韓国高等学校近現代史教科書』明石書店、二〇〇九年。

桑島昭「第一次世界大戦とアジア——シンガポールにおけるインド兵の反乱（1915）」『大阪外国語大学学報』六九、一九八五年、二三〜四八頁。

桑島昭「世界大戦の性格と「地域」の視点——シンガポールにおけるインド兵の反乱（1915）」『EX ORIENTE』

（大阪外国語大学言語社会学会）一〇、二〇〇四年、二一〜四三頁。

桑島昭「『南洋日日新聞』に見るインド兵の反乱（1915）」『アジア太平洋論叢』一八、二〇〇九年、三〜三八頁。

コンスタンティーノ、レナト（鶴見良行ほか訳）『フィリピン民衆の歴史Ⅱ』井村文化事業社（勁草書房発売）、一九七八年。

桜井由躬雄・桃木至朗（編）『ベトナムの事典』同朋舎、一九九九年。

佐藤次高ほか『詳説世界史　改訂版』山川出版社、二〇一〇年。

白石昌也『日本をめざしたベトナムの英雄と皇子――ファン・ボイ・チャウとクオン・デ』彩流社、二〇一二年。

人民教育出版社歴史室（編著）（小島晋治ほか訳）『中国の歴史』明石書店、二〇〇四年。

鈴木静夫・早瀬晋三（編）『フィリピンの事典』同朋舎、一九九二年。

スチュアート－フォックス、マーチン（菊池陽子訳）『ラオス史』めこん、二〇一〇年。

チャーンウィット＝カセートシリほか（中央大学政策文化総合研究所監修、柿崎千代訳）『タイの歴史』明石書店、二〇〇二年。

趙景達ほか（編）『岩波講座　東アジア近現代通史3　世界戦争と改造1910年代』岩波書店、二〇一〇年。

土屋健治・加藤剛・深見純生（編）『インドネシアの事典』同朋舎、一九九一年。

ドルーシュ、フレデリック（総合編集）（木村尚三郎監修、花上克己訳）『ヨーロッパの歴史　第2版』東京書籍、一九九八年。

内藤陽介『タイ三都周郵記』彩流社、二〇〇七年。

早瀬晋三『未完のフィリピン革命と植民地化』山川出版社、二〇〇九年。

早瀬晋三・桃木至朗（編）『岩波講座　東南アジア史　別巻』二〇〇三年。

ファン・ゴク・リエン（監修）（今井昭夫監訳）『ベトナムの歴史――ベトナム中学校歴史教科書』明石書店、二〇〇八年。

古田元夫ほか（編）『写真記録　東南アジア——歴史・戦争・日本』ほるぷ出版、一九九七年、全六巻。

桃木至朗ほか（編）『新版　東南アジアを知る事典』平凡社、二〇〇八年。

Cady, John F., *A History of Modern Burma*. Ithaca, New York: Cornell University Press, 1958.

Callahan, Mary P., *Making Enemies: War and State Building in Burma*. Ithaca, New York and London: Cornell University Press, 2003.

Chandler, David, *A History of Cambodia*. Colorado: Westview Press, 2008 (Fourth Edition).

Corfield, Justin and Robin S. Corfield, *Encyclopedia of Singapore*. Maryland and London: The Scarecrow Press, 2006.

Harper, R. W. E. and Harry Miller, *Singapore Mutiny*. Singapore: Oxford University Press, 1984.

Hill, Kimloan, "Strangers in a Foreign Land: Vietnamese Soldiers and Workers in France during World War I," in Nhung Tuyet Tran and Anthony J. S. Reid, eds., *Việt Nam: Borderless Histories*. Madison: The University of Wisconsin Press, 2006, pp. 256–89.

Jose, Ricardo Trota, "The Philippine National Guard in World War I," *Philippine Studies*, Vol. 36, Third Quarter, 1988, pp. 275–99.

Kuwajima, Sho, *Mutiny in Singapore: War, Anti-War and the War for India's Independence*. Rev. ed., New Delhi: Rainbow Publishers, 2006.

Makepeace, Walter, Gilbert E. Brooke and Roland St. J. Braddell, eds., *One Hundred Years of Singapore: Being Some Account of the Capital of the Straits Settlements from Its Foundation by Sir Stamford Raffles on the 6th February 1819 to the 6th February 1919*. Singapore: Oxford University Press, 1991 (First published by

John Murray, London, 1921).

Reid, Anthony, *Southeast Asia in the Age of Commerce 1450–1680.* New Haven: Yale University Press, 1988, 1993, 2 volumes.

Reid, Anthony, ed., *The Last Stand of Asian Autonomies: Responses to Modernity in the Diverse States of Southeast Asia and Korea, 1750–1900.* London: Macmillan & New York: St. Martin's Press, 1997.

Rong Syamananda, *A History of Thailand.* Bangkok: Thai Watana Panich Co., Ltd., 1981 (Fourth edition).

Sareen, Tilak Raj, *Secret Documents on Singapore Mutiny, 1915.* New Delhi: Mounto Publishing House, 1995.

Tully, John, *Cambodia Under the Tricolour King Sisowath and the 'Mission Civilisatrice' 1904–1927.* Australia: Monash Asia Institute, Monash University, 1996.

Tully, John, *France on the Mekong: A History of the Protectorate in Cambodia, 1863–1953.* Maryland: University Press of America, 2002.

Van Dijk, Kees, *The Netherlands Indies and the Great War, 1914–1918.* Leiden: KITLV Press, 2007.

Vu-Hill, Kimloan, *Coolies into Rebels: Impact of World War I on French Indochina.* Paris: Les Indes savantes, 2011.

【付記】

図で出典表記のないものは、古田元夫ほか（編）『写真記録　東南アジア』によった。

あとがき

共同研究「第一次世界大戦の総合的研究に向けて」がスタートした二〇〇七年に、報告する機会があった。そこで、東南アジア史研究にとって、第一次世界大戦は重要な意味をもつと認識されながら、具体的な研究は日本では皆無に等しく、通史や概説書でもほとんどなにも書かれていないことを話した。だからこそ、研究する意義があるとも「所信表明」をした。ところが、それから三年間、黙りを決め込むしかなかった。本シリーズの一冊として執筆を検討したとき、とてもほかの本と同レベルのものが書けるとは思わなかったのである。本来、概説書というものは、そのテーマの研究成果を利用し、自分なりの物語性をもって語るものであるはずだが、利用できる研究成果は世界的にもひじょうに限られ、そのうえ東南アジア全体を語るには、あまりに断片的で、それは国・地域によって量も質も異なっていた。たとえば、『新版世界各国史5　東南アジアⅠ　大陸部』（山川出版社）でも『岩波講座　東南アジア史』でも、カンボジアについては一八六三年のフランスの保護国化以降の記述がなく、植民地支配下の基本的知識を得ることができなかった。それでも、書く決心をしたのは、おもにつぎの三つの理由によった。

まず、本共同研究の前身のものを含め、長年勉強をさせていただいているお返しを一般読者や研究者のみなさんにしたいという気持ちがあった。本研究の重要なキーワードに「世界性」がある。東南アジアを語ることによって、「世界性」を理解する一助となればと思った。そして、それはわたし自身が東南アジアを世界史のなかで相対化して、研究を深めるために必要なことだと思ったからである。

つぎに、だれかが捨て石となるものを書いておかなければ、本格的な研究のスタートはないと考えた。自分の守備範囲の原史料に基づく研究は、着実に成果が出せる。新しい発見に遭遇する機会も多く、楽しいもので、自信をもって書くことができる。それにたいして、概説書は、まず他人の個別研究の成果を充分に理解し、視野を広げて語らなければならないが、それはたやすいことではない。ましてや、研究蓄積の乏しい東南アジア史のような分野では、なおさら困難である。しかし、書く者にとってはきびしいが、読者にとっては新しい発見があるはずだ。近代歴史学ではわからなかったことが、地域研究の発展などで少しずつ明らかになってきている東南アジアは、今後がたのしみな分野でもある。だが、本書では事実関係を整理するにとどまり、第一次世界大戦が東南アジアに与えた影響について、国際関係のなかでも地域社会のなかでも充分に語ることができなかった。本書から発展して、考察・分析を深めるテーマはいくらでもある。

三つめに、その研究蓄積の乏しい東南アジア史は、とくに関心のある人以外になかなか読んでもらえないということがあった。第一次世界大戦という「世界史」のなかで読んでもらうことで、東南アジア史に関心をもってもらうことができるかもしれないという期待があった。それは、歴史学にとっても、東南アジア研究にとっても、意義があることのように思えた。前者は「世界性」を理解するために、後者は研究蓄積のある分野の研究者からいろいろな助言を期待して。

第一の理由に関連して、先行してこのレクチャーシリーズを執筆された研究班の班長や世話役のみなさんに感謝を申しあげたい。東南アジア史関係の資料収集については、笹川秀夫（立命館アジア太平洋大学）、嶋尾稔（慶応義塾大学）さんなどのお手を煩わせた。草稿を丁寧に読んでくださり、的確な助言をくださった笹川秀夫、嶋尾稔、根本敬（上智大学）、深見純生（桃山学院大学）さんには感謝のことばもない。これらの助言でいちばんの恩恵を受けたのは、読者のみなさんだろう。読んで安心できるものになったのは、助言をしてくださった方々のお蔭である。しかし、言うまでもないが、間違いや不適切なものがあるとするなら、すべては著者の責任である。そして、「座敷童子《わらし》」のようにこの共同研究を見守り、本書の執筆を促し、このシリーズ全体を見渡して適切な助言をしてくれた、人文書院の井上裕美さんに感謝を申しあげたい。

共同研究がスタートしたころ、母・文子が病魔に冒されはじめていた。二〇〇七年夏に大きな手術をし、退院後同じマンションで暮らすようになった。その後二度の手術に耐えたにもかかわらず、本年二月一四日に帰らぬ人となった。この四年間半、死に怯える様子はまったくみせなかった。主治医との信頼関係も厚く、ありのままの病状を自身で聞き、受け入れていた。立派な最期だった。ことばにあらわせない感謝とともに、本書を母に捧げる。

二〇一二年四月

早瀬晋三

	11.	カンボジアで行政改革
	11. 5	ロシア十月革命（-7）
1918	1. 8	アメリカ大統領ウィルソンの「十四ヵ条」演説
	5.	オランダ領東インドでフォルクスラート（植民地議会）開設
	7. 30	シャム軍、マルセイユ到着
	11.	オランダ領東インドでスペイン風邪ピーク
	11. 7	フィリピンで独立委員会創設
	11. 11	休戦
	11. 20	フィリピン国防隊、アメリカ合衆国軍に編入
	12.	シャムで戦勝切手発行
	12.	オランダ人共産主義者、東インドから追放
1919	1. 18	パリ講和会議開始
	3.	パリ講和会議に宛てたクオンデー名義の公開書簡を北京の中国語各紙に掲載
	6.	パリ講和会議事務局に「安南人民の要求」を提出
	6. 28	ヴェルサイユ条約調印
	7. 14	シャム義勇軍、パリで戦勝パレード参加
	9. 19	サン・ジェルマン条約（対オーストリア講和条約）調印
1920	1. 10	ヴェルサイユ条約発効。国際連盟発足
	6. 4	トリアノン条約（対ハンガリー講和条約）調印
	11. 11	イギリス戦没者記念碑除幕式
	11. 15	シンガポール戦争記念碑定礎式
1921		クアラルンプル戦争記念碑建立
1922	3. 31	シンガポール戦争記念碑除幕式
1923	5. 8	コタキナバル戦争記念碑除幕式
1924	3. 21	シンガポール戦争記念碑にコーチシナ退役軍人のプレート
1925	3. 1	プノンペン戦争記念碑除幕式

略年表

特に東南アジアにかかわる項目は太字

年	月日	出来事
1914	6. 28	サライェヴォ事件
	7. 28	オーストリアがセルビアに宣戦布告。ドイツ、ロシア参戦
	8. 1	ドイツ、ロシアに宣戦布告
	8. 3	ドイツ、フランスに宣戦布告
	8. 4	ドイツ軍がベルギーに侵攻。イギリス、フランス参戦
	8. 6	**シャム中立宣言**
	8. 15	パナマ運河開通
	8. 23	日本参戦
	9. 16	**駒形丸シンガポール沖に到着、接岸拒否**
	10. 28	**ドイツ軽巡洋艦エムデン号ペナンに入港**
	11.	**ラオスで中国人主導の大規模な反乱**
	11. 2	ロシアがオスマン帝国に宣戦布告
	11. 5	**マレー半島のペラ王国、スランゴル王国のスルタンなど、親オスマンを表明**
1915	**1.**	**ラングーンで反乱未遂**
	2.	ドイツ、無制限潜水艦作戦開始、半年で中止
	2. 15	**シンガポールでインド兵反乱**
	4.	**マレー半島のクランタン州で農民反乱（－8.）**
	5. 7	イギリス客船ルシタニア号がドイツ軍潜水艦の無警告攻撃で沈没
	5. 23	イタリア参戦
	12. 17	**インドシナで一般兵士・労働者の募集はじまる**
1916		**サイゴンで大刀会の蜂起**
		カンボジアで大規模な農民反乱
	6.	**イスラーム同盟の年次大会で、国民会議と称す**
	8. 29	**フィリピン自治法成立**
1917		**インドシナ総督サローの教育改革令**
	2. 1	ドイツ軍、無制限潜水艦作戦再開
	3. 8	ロシア二月革命（－15）
	3. 17	**フィリピン国防隊創設法、議会通過**
	3. 26	**チュラーロンコーン大学設立**
	4. 6	アメリカ参戦
	7. 22	**シャム参戦**
	8. 14	中国参戦
	10.	**ビルマのYMBA第5回大会で、政治団体に変質**

早瀬晋三（はやせ・しんぞう）
1955年生まれ。東京大学文学部卒業。西豪州マードック大学 Ph. D.（歴史学）。現在、大阪市立大学大学院文学研究科教授。専攻は東南アジア史。著書に『「ベンゲット移民」の虚像と実像』（同文舘、1989）、『海域イスラーム社会の歴史』（岩波書店、2003、大平正芳記念賞、英語版：*Mindanao Ethnohistory beyond Nations.* Quezon City: Ateneo de Manila University Press, 2007）、『歴史研究と地域研究のはざまで』（法政大学出版局、2004）、『戦争の記憶を歩く　東南アジアのいま』（岩波書店、2007、英語版：*A Walk Through War Memories in Southeast Asia.* Quezon City: New Day Publishers, 2010）、『歴史空間としての海域を歩く』（法政大学出版局、2008）、『未来と対話する歴史』（法政大学出版局、2008）、『未完のフィリピン革命と植民地化』（山川出版社、2009）、『フィリピン関係文献目録（戦前・戦中、「戦記もの」）』（龍溪書舎、2009）など。

レクチャー　第一次世界大戦を考える
マンダラ国家から国民国家へ――東南アジア史のなかの第一次世界大戦

2012年6月10日　初版第1刷印刷
2012年6月20日　初版第1刷発行

著　者　早瀬晋三
発行者　渡辺博史
発行所　人文書院
〒612-8447　京都市伏見区竹田西内畑町9
電話　075-603-1344　振替　01000-8-1103

装幀者　間村俊一
印刷所　創栄図書印刷株式会社
製本所　坂井製本所

落丁・乱丁本は小社送料負担にてお取り替えいたします

ISBN978-4-409-51116-9　C1320

レクチャー　第一次世界大戦を考える

徴兵制と良心的兵役拒否
イギリスの第一次世界大戦経験　1500円　小関　隆

「クラシック音楽」はいつ終わったのか？
音楽史における第一次世界大戦の前後　1500円　岡田暁生

複合戦争と総力戦の断層
日本にとっての第一次世界大戦　1500円　山室信一

カブラの冬
第一次世界大戦期ドイツの飢饉と民衆　1500円　藤原辰史

表象の傷
第一次世界大戦からみるフランス文学史　1500円　久保昭博

葛藤する形態
第一次世界大戦と美術　1500円　河本真理

マンダラ国家から国民国家へ
東南アジア史のなかの第一次世界大戦　1600円　早瀬晋三

表示価格（税抜）は2012年６月現在

以下続刊予定